Die wahre

Freiheit

Die wahre Freiheit

John H. Wyndham

Mountaintop Publishing

INHALT

Erster Teil

Freiheit in der Gefangenschaft finden

Erstes Kapitel

Zweites Kapitel

Drittes Kapitel

Zweiter Teil

In der Freiheit
aus der Gefangenschaft entkommen

Vorwort

Im Laufe der Jahre haben sich Interessenten immer wieder nach dem Buch erkundigt, das John H. Wyndham schrieb, bevor er 1979 verstarb. Obwohl es eigentlich noch nicht fertiggestellt war, bildet dieses kleine Buch doch ein Ganzes und zeigt einen sehr natürlichen und interessanten Aufbau. Der Autor berichtet zunächst über seine eigenen Erfahrungen und bezieht dann sein Umfeld ein. Schließlich begibt er sich auf die nationale und internationale Ebene. Diese Struktur herrscht sowohl im ersten als auch im zweiten Teil des Buches vor und der Leser wird sicherlich gern sehen, wie sich das Leben eines Menschen auf das anderer auswirken kann.

Möglicherweise sind die Themen, mit denen sich dieses Buch befasst, heutzutage sogar noch aktueller als zu der Zeit, in der das Buch geschrieben wurde. Themen wie Freiheit, Wirtschaft und Spiritualität beschäftigen die Menschen auf der ganzen Welt so intensiv wie nie zuvor.

Dass uns dieses Buch keinen Einblick in das spätere Leben des Autors gibt, spielt kaum eine Rolle, denn John Wyndham hatte keineswegs vor, eine Autobiografie zu verfassen. Das Buch beginnt mit der Beschreibung seiner Kriegserlebnisse, als der Autor bereits Mitte Dreißig war und eine Familie mit zwei kleinen Kindern hatte. Nein, John Wyndham wollte keinen Bericht über sein eigenes Leben schreiben, sondern er wollte die Möglichkeiten des Lebens überhaupt aufzeigen. Er bewies, dass es eine Wissenschaft des LEBENS gibt, die eher eine Wissenschaft des GEISTES als eine Naturwissenschaft ist, und dass man diese Wissenschaft leben und lernen kann. Sein Ziel war es, anderen dabei zu helfen, dieses geistige und göttliche Abenteuer zu erleben. Zu diesem Zweck soll das Buch nun veröffentlicht werden.

Einige biografische Daten werden dem Leser sicherlich von Nutzen sein. John Wyndham wurde in Holland geboren, zog aber schon als Teenager zu Verwandten in die Vereinigten Staaten von Amerika. Einige Jahre später ließ er sich in Australien nieder. Zu Beginn des Zweiten Weltkrieges meldete er sich zur Königlichen Luftwaffe von Australien und wurde aufgrund seiner holländischen Sprachkenntnisse als Verbindungsoffizier nach Indonesien geschickt. Dort kam er auf die Insel Java, bevor die Japaner sie besetzten. Als die Japaner die Insel einnahmen, suchten er und viele andere Zuflucht bei Privatpersonen. Hier beginnt sein Bericht. Ab und zu erwähnt er die Javaner, die jedoch nicht mit den Japanern zu verwechseln sind.

Bevor Sie sich seinen Erlebnissen auf Java widmen, möchte ich noch etwas hinzufügen, was Ihnen helfen wird, den Autor besser zu verstehen. Jedesmal, wenn er seiner Familie von seinen Kriegserlebnissen erzählte (und das geschah nur selten), schickte er seinen Worten ein gutmütiges „Als ich bei den Japanern zu Gast war" voraus. Als seine Tochter kann ich wirklich sagen, dass er weder Groll zeigte noch jemals vom „Feind" sprach. Ihm ging es um die gedankliche Welt und die geistige Dimension des Lebens.

Auriel Wyndham Livezey

Annmerkung

In der englischen Ausgabe von *Wissenschaft und Gesundheit mit Schlüssel zur Heiligen Schrift* hat Mary Baker Eddy die sieben Synonyme, mit denen sie GOTT definiert, durch einen großen Anfangsbuchstaben gekennzeichnet. Damit wollte sie beispielsweise den Unterschied zwischen „love" (dt.: Liebe) im menschlichen Sinn und „Love" als Synonym für GOTT herausstellen. Da nun im Deutschen alle Hauptwörter mit einem großen Anfangsbuchstaben beginnen, werden in der Übersetzung von *Wissenschaft und Gesundheit* zu diesem Zweck Kapitälchen für die Synonyme verwendet (LIEBE). Das vorliegende Buch hat diese Schreibweise übernommen.

Erster Teil

Freiheit in der Gefangenschaft finden

Erster Teil

Freiheit in der Gefangenschaft finden

Erstes Kapitel

GEFANGEN!

Der Abend dämmerte, als ich gefangen genommen wurde. Vom Gästepavillon hinter dem Haus, wo ich mich seit einigen Monaten versteckt hielt, sah ich eine große schwarze Limousine vorfahren. Dann trat ein Japaner durch das Gartentor. Mein einziger Fluchtweg führte über eine Mauer am Ende des Hofes. Ich setzte zum Sprung an, griff nach dem oberen Mauerrand und versuchte mich hochzuziehen. In diesem Augenblick krachte ein Schuss. Plötzlich befand ich mich in einer ausweglosen Situation.

Wir fuhren dann in der Limousine durch die von Menschen wimmelnden Straßen. Dabei konnte ich noch einen wehmütigen Blick auf das Vorstadttreiben von Bandung werfen, auf die vielen Reihen von Marktständen mit ihren duftenden orientalischen Gerichten und auf den endlosen Strom bunt gekleideter Javaner, die Bündel auf dem Kopf trugen oder um flackernde Öllampen hockten, um zu essen und sich zu unterhalten. In nur wenigen Minuten erreichten wir das Gefängnis und die schwere Zellentür schloss sich hinter mir.

Das letzte Dämmerlicht fiel durch ein vergittertes Fenster, hinter dem sich in etwa zwei Meter Entfernung eine kahle Mauer befand. Bis auf einen Holztisch war die Zelle leer. Zunächst fühlte ich mich erleichtert, denn die Spannung der letzten Monate, in denen ich mich versteckt gehalten hatte, war von mir gewichen. Auf dem Holztisch zusammengerollt schlief ich in jener Nacht tief und fest.

Mit dem Morgengrauen kam auch die Erkenntnis, dass ich mich in einer Lage befand, in der ich weder fremde Hilfe erwarten konnte noch irgendeine Möglichkeit zu haben schien, mir selbst zu helfen. Schon bald wurde ich zum Verhör aus meiner Zelle geholt. Man hatte meinen Pass (mit dem Passbild in Uniform) und ein paar andere Sachen von mir gefunden. Das Verhör war kurz und barsch und drehte sich im Wesentlichen darum, dass ich zugeben sollte, der Offizier auf dem Passbild sowie der Eigentümer der Armbanduhr und anderer Gegenstände zu sein. Nach wenigen Minuten war ich wieder in meiner Zelle.

Es folgten Tage und Wochen, in denen sich niemand um mich kümmerte, außer dass mir täglich das Essen in die Zelle gereicht wurde. Vielleicht werden Sie verstehen, lieber Leser, wenn ich mich in dieser Lage, in der ich befürchtete als Spion behandelt und hingerichtet zu werden, an meine einzige Hilfsquelle wandte – an GOTT. In den letzten Jahren war mir der Begriff von einem GOTT, der Seine Kinder liebt, vertraut geworden, da ich fast regelmäßig die Bibel gelesen hatte und dazu ein kleines Bibelbegleitbuch, das den geistigen Sinn der biblischen Sprüche und Ereignisse vermittelt. Wie wertvoll erweist sich doch in Zeiten der Not selbst ein geringes Wissen um einen liebevollen, allgegenwärtigen GOTT! Denn nicht genug damit, dass ich keinen Menschen zu Gesicht bekam und mit niemandem sprechen konnte. Es war mir auch nicht erlaubt zu lesen. Meine Bitte um eine Bibel wurde mir abgeschlagen.

Eines Tages kam dann ein Japaner in Zivil an meine Zellentür und zeigte mir mein Tagebuch, in dem ich einige philosophische Gedanken über den zukünftigen Kriegsverlauf aufgeschrieben und die Niederlage der Japaner vorausgesagt hatte. Dieser Mann gab mir zu verstehen, dass – wie ich schon befürchtet hatte – meine Lage in der Tat sehr ernst war.

Ich fiel auf die Knie und betete zu GOTT, dass mir die Hinrichtung erspart bleiben möge, wobei ich gelobte, mein Leben in Seinen Dienst zu stellen. Da meinem Gebet sofort eine klare Anweisung folgte, keimten in mir Zuversicht und ein Gefühl von GOTTES Gegenwart auf. Als ob jemand die Worte gesprochen hätte, hörte ich den Befehl: „Beherrsche dein Denken."

Es bestand kein Zweifel, dass diese Anweisung von GOTT kam, denn die Botschaft stand völlig in Einklang mit Jesu Lehre: „Wenn du betest, so geh in dein Zimmer und schließ die Tür zu und bete zu deinem Vater im Verborgenen; und dein Vater, der ins Verborgene sieht, wird dich öffentlich belohnen" (Mt 6:6).

Ich hatte auch von meinem Bibelbegleitbuch gelernt, dass wir unser Bewusstsein gegenüber bösen Einflüsterungen verschließen müssen, damit es offen ist für das Wort GOTTES. Kurz gesagt, ich begriff, dass ich beten musste, wenn ich meine Gedanken beherrschen wollte. Und zu beten bedeutete nicht, GOTT einfach nur zu bitten, etwas für mich zu tun, sondern es bedeutete wahrhaftes, tiefes, geistiges Denken. Von dem Augenblick an konnten Suggestionen von Angst, Zorn und Hass nicht mehr in mein Bewusstsein eindringen. Wenn sie aufkommen wollten, und das geschah täglich, stündlich und manchmal von Minute zu Minute, weigerte ich mich strikt sie einzulassen. Sobald es mir gelang, solche mentalen Einflüsterungen abzuwehren, strömten göttliche Gedanken in mein Bewusstsein. Mit einem alten verrosteten Nagel ritzte ich die Buchstaben „C.T."* in die Zellenwand, damit sie mich stets ermahnten, mein Denken zu beherrschen. (*Abkürzung für „Control Thought"; deutsch: „Beherrsche dein Denken" – Anmerkung des Übersetzers).

Dieses wahre Denken hatte eine unmittelbare Wirkung auf mich, sowohl in physischer als auch in geistiger Hinsicht. Mein Körper machte mir kaum Beschwerden, obwohl es nur einen Steinfußboden gab und den Holztisch, auf dem ich schlafen und sitzen konnte, und obwohl die Temperatur zwischen extremer Hitze am Tag und nächtlicher Kälte schwankte, was für die höher gelegenen Tropen typisch ist.

Am meisten wunderte mich damals Folgendes: Wie war es möglich, dass GOTT mir helfen würde, denn ich hielt mich für einen echten Sünder. Obwohl ich akzeptiert hatte, dass GOTT liebevoll ist, hatte ich noch nicht den Sinn dessen begriffen, was Johannes sagt, nämlich: „Gott ist Liebe" (1. Joh 4:16). Doch durch meine neue Denkweise gelangte ich langsam zu einer geistigeren Auffassung vom Leben. Ich kämpfte nicht mehr gegen die Menschen und Umstände an, sondern gegen falsches Denken, das immer wieder durch wahres Denken berichtigt und besiegt wurde. Dabei ging mir der Sinn für die Zeit verloren. Es gab keine langen Tage mehr, die sich in endloser Ungewissheit und Niedergeschlagenheit hinzogen. Vielmehr waren die Tage angefüllt mit neuen Einblicken in das, was Leben wirklich ist, dass LEBEN GOTT ist und dass der Mensch dieses göttliche LEBEN individuell zum Ausdruck bringt.

Gewiss, zeitweilig hatte ich bittere innere Kämpfe zu bestehen, besonders wenn ich mich von der Düsternis meiner leeren Zelle, dem vergitterten Fenster oder von gelegentlichen Klagelauten deprimieren ließ. Dennoch wurde mir jeden Tag klarer, dass sich mein wahres Leben nicht in einem materiellen Körper abspielt, noch von ihm abhängt, noch widrigen oder grausamen Umständen ausgeliefert ist. Und ich kam zu der Erkenntnis, dass dieses Leben nicht vernichtet werden kann. Ich erahnte nun, wie wahr doch die Bibelstelle ist: „In ihm [d. h. GOTT] leben, weben und sind wir" (Apg 17:28).

Allmählich überkam mich ein tiefes Gefühl des Friedens und stiller Zuversicht. Ich erinnerte mich an andere tröstende Bibelstellen, wie zum Beispiel die aus dem Buch Jesaja (26:3, nach der King-James-Bibel): „Wessen Denken auf Gott gerichtet ist, den wirst du in tiefem Frieden bewahren." Kam es nicht beim Beherrschen des Denkens und der Abwehr falscher Gedanken gerade darauf an, unser Denken auf GOTT gerichtet zu halten? Dann fiel mir ein Teil des schönen 23. Psalms ein, der das Vertrauen in die göttliche Vorsehung stärkt. Wie viele Menschen haben wohl über diese Worte nachgedacht, wenn sie in Not waren!

> Der Herr ist mein Hirte;
> mir wird nichts mangeln.
> Er weidet mich auf einer grünen Aue
> und führt mich zum frischen Wasser.
> Er erquickt meine Seele;
> er führt mich auf rechter Straße
> wegen seines Namens.
> Und wenn ich auch im finsteren Tal
> wandere, fürchte ich kein Unglück;
> denn du bist bei mir, dein Stecken und
> Stab trösten mich.
> Du bereitest vor mir einen Tisch
> im Angesicht meiner Feinde. Du salbst
> mein Haupt mit Öl und schenkst mir
> übervoll ein.
> Gutes und Barmherzigkeit werden
> mir mein Leben lang folgen, und ich
> werde immerdar im Haus des Herrn
> bleiben.

Mein Bibelbegleitbuch gab diesen Psalm sehr schön wieder, indem es die eher körperliche Auffassung von GOTT als dem Herrn durch die unkörperliche, geistige Auffassung von GOTT ersetzt:

[Die göttliche LIEBE] ist mein Hirte;
mir wird nichts mangeln.
[LIEBE] weidet mich auf einer grünen Aue
und [LIEBE] führt mich zum frischen Wasser.
[LIEBE] erquickt meine Seele
[meinen geistigen Sinn];
[LIEBE] führt mich auf rechter Straße
wegen Seines Namens.
Und wenn ich auch im finsteren Tal
wandere, fürchte ich kein Unglück;
denn [LIEBE] ist bei mir, [der LIEBE]
Stecken und [der LIEBE] Stab
trösten mich.
[Liebe] bereitet vor mir einen Tisch
im Angesicht meiner Feinde.
[LIEBE] salbt mein Haupt mit Öl
und schenkt mir übervoll ein.
Gutes und Barmherzigkeit werden mir
mein Leben lang folgen, und ich werde
immerdar im Haus des Herrn [dem
Bewusstsein der LIEBE] bleiben.

Vor über einhundert Jahren schrieb Mary Baker Eddy, eine von GOTT inspirierte Frau, diese geistige Version des 23. Psalms auf Seite 578 ihres Buches *Wissenschaft und Gesundheit mit Schlüssel zur Heiligen Schrift* nieder. Eddy war die Entdeckerin der Wissenschaft, die der von Jesus praktizierten Heilmethode zugrunde lag. Sie nannte diese Heilmethode Christian Science (Christliche Wissenschaft). Wie der Evangelist Johannes muss sie das Bewusstsein der LIEBE deutlich gespürt haben und jetzt begann auch ich dies in gewisser Hinsicht zu erfahren, trotz des ständig nagenden Gefühls, dass ich der Güte und Gnade GOTTES nicht wert sei. Doch ist dies nicht die erstaunliche Gnade, von der in Kirchenliedern so freudig gesungen wird? Aus meiner Not rettete mich auch ein anderer heilender Gedanke – die Erinnerung an folgende Erklärung Mary Baker Eddys: „Denke daran: Du kannst in keine Lage gebracht werden, sei sie auch noch so ernst, wo die göttliche LIEBE nicht schon vor dir gewesen ist und wo ihre liebreiche Lektion dich nicht erwartet. Darum verzweifle nicht und murre nicht, denn das, was zu erlösen, zu heilen und zu befreien sucht, wird dich führen, wenn du diese Führung suchst" *(Verschiedenes,* S. 149f).

Ich erkannte immer mehr, wie uns das Denken, das GOTT, dem Guten, geweiht ist, das wunderbare Gefühl verleiht, von einer Macht beschützt zu werden, die höher und größer ist als jede menschliche Macht auf Erden. Jesus offenbarte und bewies am Kreuz, dass diese Macht die göttliche LIEBE ist, mit der er den Hass seiner Feinde überwand. Sie ließ ihn aus dem Grab auferstehen, um uns des ewigen Lebens zu versichern. *Wissenschaft und Gesundheit,* mein Bibelbegleitbuch, das ich in den ersten Kriegsmonaten bei mir getragen hatte, erklärte dies alles so wunderbar. Bei meiner Gefangennahme blieb dieses Buch zusammen mit anderen Büchern in dem Haus zurück, das mein Versteck gewesen war. Ich hatte keine Ahnung, dass man es auch gefunden hatte und dass es für meinen Schutz von Bedeutung sein würde.

Um nicht den Mut zu verlieren, sang ich Kirchenlieder. Eines, an das ich mich sehr gut erinnerte, war ein Gedicht, das die Verfasserin des Lehrbuchs der Christlichen Wissenschaft geschrieben hat. Es befindet sich in *Vermischte Schriften* (S. 389) und beginnt mit den Worten:

Kraft, Freude, Friede, holde Gegenwart,
die schützend birgt, was noch des Werdens
  harrt,
liebreich des Nestlings zagen Flug bewacht:
Dein Fittich trag empor mein Kind heut
  Nacht!

Diese Worte vermochten es immer wieder, mir inneren Frieden zu bringen. Die Gewissheit, dass GOTT einen Ausweg finden würde, wuchs mit jedem Tag. Ich ging sogar dazu über, die Dinge von einem distanzierten Standpunkt aus zu betrachten. Während dieser ganzen Zeit schlief ich bis auf eine Nacht immer ruhig. In jener Nacht erwachte ich mit dem Gefühl, dass auf mein Denken eingewirkt wurde, dass irgendetwas oder -jemand Einfluss auf mein Bewusstsein ausübte. (Ich hatte noch nicht lange genug im Fernen Osten gelebt, um von der dort allgemein üblichen Gedankenmanipulation ausreichend Kenntnis zu haben.) Ja, hier handelte es sich eindeutig um ein Eindringen in mein Denken. Ich fühlte instinktiv, dass ich wach bleiben und mich geistig verteidigen musste. Ich tat dies, indem ich betete und mein Bewusstsein mit Gedanken von GOTT füllte. Nach einiger Zeit schwand das Gefühl so plötzlich, als ob ein Wasserhahn abgedreht worden wäre. Ich vergaß den Vorfall ganz, bis es drei Jahre später, gegen Kriegsende, zu einer Aufklärung dieses mysteriösen Ereignisses kam. (Ich werde später darauf zurückkommen.)

Im Laufe der Tage und Wochen wurde meine Wahrnehmung vom unzerstörbaren, unsterblichen Leben des Menschen in GOTT immer klarer. Stellen aus der Bibel erschienen mir in einem neuen, helleren Licht, insbesondere das Kapitel im Buch

„Offenbarung", in dem Johannes von der heiligen Stadt sagt: „Der Tod wird nicht mehr sein, noch Leid noch Geschrei noch Schmerz wird mehr sein" (Offb 21:4).

Eines Tages sah ich ein Zeichen, dass GOTT auch im Denken und Leben meiner Bewacher am Werk war. Wieder aus meiner Zelle zu einem Verhör geholt, gingen wir dieses Mal durch einen Raum, in dem ich einen Japaner aus einem Buch übersetzen sah. Blätter mit japanischen Schriftzeichen lagen verstreut herum und als wir sehr nahe daran vorbeigingen, sah ich, dass das Buch, von dem der Mann abschrieb, mein Bibelbegleitbuch *Wissenschaft und Gesundheit* war. Da gab es keinen Zweifel! Das war mein abgenutztes Buch, das mir so vertraut war. Mich überkam ein Gefühl der Zuversicht und Sicherheit. Ich hielt mich nun nicht mehr von Feinden umgeben, sondern erkannte, dass in Wirklichkeit alles unter GOTTES Herrschaft steht. Später sah ich dann noch ein weiteres Mal, wie der Mann an der Übersetzung meines Buches arbeitete.

Schließlich kam der Tag, an dem ich am Ende eines Verhörs durch einen japanischen Offizier – offenbar den Gefängniskommandanten – über eine japanische Dolmetscherin gefragt wurde: „Wie ist Ihnen jetzt angesichts des Todes zu Mute?" Ich fühlte mich durch all die Monate, in denen ich gebetet und mein Denken unter Kontrolle gehalten hatte, so inspiriert

26

und erhoben, dass es schien, als ob die Worte meiner Antwort für mich gesprochen würden: „Sie können mich unmöglich töten, denn GOTT, GEIST, hat mich geistig geschaffen. Alles, was Sie tun könnten, wäre, einen Traum über mich zu beenden. Und wenn ich Sie wäre und Sie ich, könnte ich Sie auch nicht töten, denn derselbe GOTT, der mich geistig geschaffen hat, hat auch Sie geistig geschaffen. Und alles, was ich tun könnte, wäre, einen Traum über Sie zu beenden." Dann kam die letzte Frage:„Haben Sie noch einen Wunsch?" Wieder war es so, als würden die Worte für mich gesprochen, und ich antwortete: „Ja, das habe ich. Ich möchte alles über das LEBEN verstehen." Dann wurde ich in meine Zelle zurückgebracht.

Etwas später öffnete sich meine Zellentür einen Spalt und die Dolmetscherin sagte leise: „Es wird alles gut werden." Obwohl mein Herz jetzt vor Dankbarkeit sang, war ich noch immer nicht außer Gefahr. Bald darauf öffnete ein Japaner die Tür, gab mir eine Banane und in einem vertraulichen Ton, der andeutete, dass irgendetwas passieren würde, sagte er: „Iss sie langsam." Dann folgte eine Woche, in der meine Tür verschlossen blieb und ich weder Nahrung noch Wasser erhielt – außer eines Nachts, als jemand die Tülle eines Kessels durch das Gitterfenster steckte und Wasser ausgoss, das ich trank.

Nach dieser Woche des Fastens kam nun der Kommandant, der mich zuvor verhört und bedroht hatte, mit einem Tablett herein, auf dem sich verschiedene Gerichte befanden. Während der Verhöre hatte er nur mit Hilfe einer Dolmetscherin auf Japanisch zu mir gesprochen. Jetzt sagte er in einwandfreiem Englisch: „Ich habe das selbst hergerichtet. Essen Sie es langsam und es wird Ihnen nicht schaden." Dass er einen Kimono trug, schien mir ein Zeichen seines guten Willens zu sein. Er verbeugte sich höflich und erklärte mir dann weiter, dass man sich um mich kümmern werde. Dann bot er mir an, einen Arzt kommen und mich untersuchen zu lassen. Ich konnte ihm wahrheitsgemäß versichern, dass ich vollkommen gesund sei, dass sich das Fasten nicht negativ ausgewirkt hatte.

Das Fasten war nicht nur ein körperlicher, sondern auch ein mentaler und geistiger Vorgang gewesen. Das Beherrschen meines Denkens, das Lauschen auf Gedanken von GOTT, hatte mir nicht nur das Leben gerettet, sondern mich auch körperlich gesund erhalten.

Kurz nachdem mich der Gefängniskommandant besucht und mir das Essen gebracht hatte, kamen auch andere und zeigten, dass sie um mich besorgt waren. Man gab mir meine Uhr zurück und ich erhielt Kleidung und Decken. Dann wurde ich mit einem Wagen in ein reguläres Gefangenenlager überführt. Die nächsten drei Jahre verbrachte ich als

Kriegsgefangener in verschiedenen Lagern auf der Insel Java.

WAHRES DENKEN

Mary Baker Eddy erklärt: „Gute Gedanken sind ein undurchdringlicher Panzer; damit angetan, seid ihr gegen die Angriffe des Irrtums jeder Art vollständig geschützt" *(Verschiedenes,* S. 210). Das habe ich am eigenen Leib erfahren! Lieber Leser, aus dieser von mir unter Beweis gestellten Erklärung – nämlich dass gute Gedanken ein Panzer sind, der uns vor üblen Erlebnissen schützt – scheint sich die dringende Frage zu ergeben, die sich jeder von uns beantworten muss: „Denken wir oder denken wir nur, dass wir denken?" Sicher werden Sie mir zustimmen, dass wir alle die absolute Wahrheit suchen. Und aus diesem Grunde fragen wir uns auch, ob unser Denken mit der Wahrheit in Einklang steht.

Heutzutage wird überall in unserer Gesellschaft vom Denken gesprochen. Forschungsinstitute werden mitunter als „Denkfabriken" bezeichnet. Im täglichen Leben werden wir ständig dazu aufgefordert, auf eine bestimmte Art und Weise zu denken. Innenausstatter flehen uns an: „Denken Sie in Farben!" Kosmetikfachleute rufen: „Denken Sie jung!" Fitnessexperten schreien: „Denken Sie schlank!" Wichtiger ist jedoch die Tatsache, dass sich bedeutende Männer und Frauen ernsthaft mit dem Problem des Denkens befasst haben. Sicher ist uns allen Shakespeares Spruch bekannt: „An sich ist nichts weder gut noch böse; das Denken macht es erst dazu." In der Bibel werden Salomon folgende Worte zugeschrieben: „Wie er [der Mensch] in seinem Herzen denkt, so ist er" (Spr 23:7, nach der King-James-Bibel). Und im Vorwort zu *Wissenschaft und Gesundheit mit Schlüssel zur Heiligen Schrift* (S. vii) befindet sich folgende aufrüttelnde Feststellung Mary Baker Eddys: „Die Zeit für Denker ist gekommen." Es ist doch so, dass wir alle mit Denken beschäftigt sind. Können wir aber mit Recht behaupten, dass das, was wir Denken nennen, auch immer wahres oder originelles Denken ist? Ist nicht ein großer Teil unseres sogenannten Denkens nur ein Reagieren auf Eindrücke oder Suggestionen, das Anstellen von Vermutungen oder lediglich das Grübeln über Probleme und Schwierigkeiten? Vor vielen Jahrhunderten erklärte der römische Kaiser und Philosoph Mark Aurel: „Das Glück im Leben hängt von der Qualität der Gedanken ab ...; halte daher Wache über sie." Diese Feststellung gilt heute noch genauso wie damals. Deshalb ist die Auseinandersetzung mit dem Denken an sich für uns alle von entscheidender Bedeutung.

Wenn wir unter den Gedanken, die uns kommen, sorgfältig auswählen, können wir unsere

Lebensqualität und die unseres Nächsten um vieles verbessern. Um das Gute intensiver zu erleben, müssen wir klar unterscheiden zwischen wahrem Denken und dem, was in Wirklichkeit gar kein Denken ist. Außerdem müssen wir das Denken beherrschen – das falsche Denken ausschließen – und uns auf das wahre Denken konzentrieren. Die Bibel sagt uns ganz eindeutig, was wahres Denken ist. Der Apostel Paulus schreibt (Phil 4:8):

> Was wahrhaftig ist, was ehrbar, gerecht, rein, lieblich und wohllautend ist, irgendeine Tugend, irgendein Lob, darüber denkt nach!

Wenn das Nachdenken über diese Dinge wahres Denken ist, dann ist das Nachdenken über das Gegenteil von dem, was Paulus aufführt – nämlich Falschheit, Unredlichkeit, Ungerechtigkeit, Unreinheit, Widerlichkeit – falsches Denken bzw. einfach der Glaube, dass wir denken, wenn von Denken eigentlich keine Rede sein kann.

Aus seinem tiefen geistigen Verständnis heraus erläutert Christus Jesus anhand eines Gleichnisses, das sich im vierten Kapitel des Markusevangeliums befindet, den Unterschied zwischen wahrem und falschem Denken. Er erzählt von einem Sämann, dessen Saat zum Teil unter die Dornen fiel, wo sie erstickt wurde. Dann erklärt er, dass die Saat das Wort GOTTES darstellt und die Dornen die Sorgen des Alltags, die trügerischen Hoffnungen, die durch Reichtum und allgemeine Habsucht geweckt werden. Diejenigen aber, sagt er, die das Wort GOTTES „hören" und „annehmen", werden Frucht bringen oder – anders ausgedrückt – nützliche, effektive Denkarbeit leisten und die guten Auswirkungen dieses Denkens erleben.

Als zwölfjähriger Junge war Jesus imstande, mit den Gelehrten im Tempel zu reden, und später wunderten sich die Menschen darüber, dass er so viel Weisheit und Wissen besaß. Jesus schrieb stets alle Macht GOTT zu, selbst seine Fähigkeit zu denken, denn er sagte: „Was ich rede, das rede ich so, wie es mir der Vater gesagt hat" (Joh 12:50). Offensichtlich setzte er wahres Denken mit dem Lauschen auf GOTTES Wort gleich und falsches Denken bedeutete für ihn, auf die Einflüsterungen des Bösen zu hören. Jesus wies jede an ihn herantretende Einflüsterung des Bösen zurück mit Verweisen wie: „Geh weg von mir, Satan!"

Sein ganzes Leben war ein Gebet, ein Gebet des Lauschens. Jesus hörte immer auf seinen Vater. Anderen gegenüber erklärte er: „Das Wort, das ihr hört, ist nicht meins, sondern des Vaters, der mich gesandt hat" (Joh 14:24). Viele bedeutende Männer und Frauen in der Bibel besaßen die außergewöhnliche

Fähigkeit, auf Gedanken zu lauschen, die von GOTT kommen. Im Alten Testament waren es Männer wie Jakob, Mose und Jeremia, die solche Botschaften hörten. Sie beschrieben diese mit Worten wie: „Da kam des Herrn Wort zu mir" (Jer 18:5) oder einfach: „Und Gott sagte ... " (1. Mose 9:12). Wenn diese Männer beteten, vernahmen sie GOTTES Gedanken. Ihre Empfänglichkeit führte dann zu einer klaren Anweisung für menschliches Handeln. Mose zum Beispiel fühlte sich dazu inspiriert, zum Pharao zu gehen und Freiheit für die in Knechtschaft gehaltenen Kinder Israel zu fordern.

Im Neuen Testament (Lk 1:35) lesen wir, wie Maria, die zukünftige Mutter von Jesus, mit einem Engel redete, der ihr sagte: „Der Heilige Geist wird über dich kommen, und die Kraft des Höchsten wird dich überschatten; darum wird auch das Heilige, das von dir geboren wird, Sohn Gottes genannt werden." Engel werden in *Wissenschaft und Gesundheit* definiert als „GOTTES Gedanken, die zum Menschen kommen; geistige Intuitionen, rein und vollkommen" (S. 581). Matthäus schreibt über Josef, dass ihm der Engel des Herrn im Traum erschien und sagte: „Josef, du Sohn Davids, fürchte dich nicht, Maria, deine Frau, zu dir zu nehmen, denn was in ihr empfangen ist, das ist vom Heiligen Geist. Und sie wird einen Sohn gebären, und du sollst seinen Namen Jesus nennen" (Mt 1:20, 21).

Die Bibel liefert uns zahllose Beweise dafür, dass die Menschen imstande sind, GOTTES Wort zu hören und brauchbare Anweisungen für das tägliche Leben zu empfangen. Dies war die praktische Lehre, die ich aus meiner Notlage zog – dass wir auf GOTTES Anweisungen lauschen und von Ihm geführt werden können, wenn wir weltliche Gedanken, Zweifel und Befürchtungen ausschalten. Shakespeare sprach wahre Worte, als er sagte:

> Süß ist die Frucht der Widerwärtigkeit, die gleich der Kröte, hässlich und voll Gift, ein köstliches Juwel im Haupte trägt.

Auch die Entdeckerin der Christlichen Wissenschaft sprach wahre Worte, als sie erklärte: „Gerade den Umstand, den dein leidender Sinn für bedrohlich und schmerzlich hält, kann LIEBE in einen Engel verwandeln, den du ohne dein Wissen beherbergst" *(Wissenschaft und Gesundheit, S. 574).*

FURCHT ÜBERWINDEN

Dieses Buch ist nicht als eine Aufzeichnung von im Krieg begangenen Grausamkeiten gedacht. Es soll vielmehr zeigen, dass ein gewisses Verständnis davon, was wahres Denken ist, uns Frieden und auch ein Gefühl des Schutzes und der Führung gibt. Daher werde ich das nur anhand einiger weniger Vorfälle veranschaulichen.

Während dieser Jahre in Gefangenschaft verbrachte ich die meiste Zeit damit, auf einem Feld zu arbeiten, das etwa einen einstündigen Fußmarsch vom Lager entfernt lag. Ich hatte mich freiwillig als Aufseher für eine Soldatengruppe gemeldet, die auf einem unfruchtbaren Stück Land Gemüse (eine rebenartige Pflanze) für die Lagerküche anbauen sollte. Vor mir hatten sich schon mehrere Offiziere für diese Aufgabe zur Verfügung gestellt, sie jedoch bald wieder aufgegeben. Es kam nämlich ständig zu Reibereien zwischen den Gefangenen und Wachtposten, die zur Folge hatten, dass sowohl die Soldaten als auch die Offiziere Prügel einstecken mussten.

Während meiner dreimonatigen Einzelhaft war ich zu der Überzeugung gekommen, dass alle Menschen in Wirklichkeit der Führung GOTTES unterstehen. Und diese Überzeugung brachte mir schließlich den Respekt und das Vertrauen der Wachtposten sowie des Feldkommandanten ein. Auch die Gefangenen zeigten mir gegenüber Respekt und Vertrauen, denn Missverständnisse und Fälle von Ungehorsam waren selten.

Einmal ereignete sich jedoch ein solcher Zwischenfall und lehrte mich – wie ich es jetzt sehe – christusgleiches Verhalten. Denn darum ging es bei meinen Erfahrungen als Kriegsgefangener wie auch in allen anderen Notlagen – dass ich lernte, das Christentum zu praktizieren. Eines Morgens hörte ich bei meinem Rundgang über das Farmgelände plötzlich Schreie. Sie kamen von der Straße her, die am Stacheldrahtzaun entlangführte.

Schnell lief ich in diese Richtung und dort bot sich mir ein schlimmer Anblick. Ein Gefangener wand sich auf der Erde, während ein stämmiger Wachsoldat mit seinem Gewehrkolben auf ihn einprügelte. Der Gefangene war übel zugerichtet und sein Anblick trieb mich dazu, den wütenden Wachtposten impulsiv wegzustoßen. Dann kniete ich nieder, um dem Gefangenen Beistand zu leisten und ihn zu fragen, was geschehen war. Langsam kam es aus ihm heraus. Um ein paar Äste als Brennholz abzusägen, war er auf einen Baum geklettert, an dem der Stacheldraht war. Das hatte den Aufseher, einen Koreaner, in Wut gebracht, weil er wohl dachte, der Gefangene wolle fliehen.

Aus den Augenwinkeln beobachtete ich, dass der Aufseher zum Wachhaus eilte und mit zwei anderen Wachtposten zurückkam. Diese sahen den Verletzten und als sie meine leidenschaftlichen Beteuerungen seiner Unschuld hörten, ergriffen sie zu meinem Erstaunen den wütenden Koreaner und brachten ihn weg. Mit der Hilfe eines weiteren Gefangenen wurde der Verletzte dann zu einem Unterstand getragen, wo er den Rest des Tages blieb. Das sollte jedoch noch nicht das Ende dieses Vorfalls sein.

Als es Zeit wurde, die Gefangenen antreten zu lassen und sie für den Rückmarsch ins Lager durchzuzählen, erschien der Koreaner mit einem zehn Zentimeter dicken Pfosten in den Händen. Ich war gerade zu dem verletzten Soldaten gegangen und hatte seinen Arm auf meine Schultern gelegt, um ihm zu einem kleinen Karren zu helfen, der für Schaufeln und andere Geräte benutzt wurde. In diesem Augenblick kam der Koreaner mit hoch erhobenem Pfosten direkt auf uns zu. Den hilflosen Soldaten im Stich zu lassen, wäre für mich undenkbar gewesen. Er war kaum in der Lage, sich vorwärts zu schleppen, und so ging ich mit ihm direkt auf den wütenden Wärter zu. Zu allem Unglück fingen die Gefangenen jetzt auch noch zu schreien und zu fluchen an und ich befürchtete, dass es zu einem Aufstand kommen würde.

Dicht vor uns ließ der Koreaner jedoch plötzlich den Pfosten fallen und verschwand hinter der Hütte des Kommandanten. In diesem Augenblick erreichte ich den Karren und legte den Verletzten darauf. Einige Wachsoldaten hatten die Szene beobachtet und zwei von ihnen kamen herbei. Sie wiesen mich an, zwei Gefangene zu bestimmen, die mir beim Schieben des Karrens helfen sollten, damit wir unter Begleitung der Wächter schnell ins Lager zurückkehren konnten.

Unterwegs schaute ich mehrere Male zurück und sah, dass uns die Gefangenenkolonne in einiger Entfernung folgte. Der Verletzte wurde zur Behandlung ins Lager getragen und damit war der Vorfall abgeschlossen. Am nächsten Morgen zeigte sich der brutale Gefängniswärter nicht und er begleitete uns auch danach nie wieder zur Farm. Die Überwindung von Furcht ist in der Tat eine Erfahrung, die Hand in Hand geht mit geistigem Wachstum. Und die Belohnung dafür war in dem beschriebenen Fall ein großer Segen. Von da an schienen der japanische Farmkommandant und seine Wachsoldaten mehr Vertrauen in mich zu haben, während mein Vertrauen in das Gute stärker geworden war.

EINE LUSTIGE BEGEBENHEIT

Glücklicherweise war das Leben im Gefangenenlager nicht immer nur trostlos. Es gab auch heitere Augenblicke. Ich hatte mit Norman, einem anderen Gefangenen, Freundschaft geschlossen. Er war ein kultivierter Mann mit mehreren akademischen Titeln und hatte vor dem Krieg einen hohen Regierungsposten innegehabt. Meistens aßen wir gemeinsam Abendbrot: Reis mit irgendwelchem Grünzeug und manchmal Fischmehl. Währenddessen führten wir anregende Gespräche, denn Norman war in der östlichen und europäischen Philosophie sehr bewandert.

Er war nicht nur ein kluger und gütiger Mensch, sondern gab auch eine imposante Figur ab, wenn er durch das Lager schritt. Dabei rauchte er eine selbstgedrehte Zigarre und war nur mit einer kakifarbenen Hose bekleidet, die er auf halber Höhe zusammengeschnürt hatte und die überall mit den üblichen grünen Flicken von abgetragenen holländischen Uniformen besetzt war. Außer einem Paar alter, verschlissener Schuhe, deren Spitzen sich nach oben wölbten, trug er um seinen Hals ein schwarzes Band, an dem ein Monokel baumelte. Seine altehrwürdige Höflichkeit stach unter den Gefangenen hervor und selbst die Japaner, mit deren Denkweise er bestens vertraut zu sein schien, behandelten ihn mit Respekt. Da er unter anderem auch Architekt war, wandte man sich oft an ihn, wenn es um die Lösung von baulichen und anderen Problemen ging.

Die Gefangenen schliefen in langen Bambushütten auf Bambuspritschen, die von einem Ende des Raumes bis zum anderen aufgereiht und jeweils mit einem von den Japanern zur Verfügung gestellten *Klambu* (Moskitonetz) versehen waren. In jeder Hütte waren etwa fünfzig bis sechzig Mann untergebracht. Normans Feldbett stand direkt neben meinem und er schnarchte furchtbar. Das hielt mich und andere wach, besonders mitten in der Nacht, wenn er in regelmäßigen Abständen laute, schaurige Töne von sich gab. Dann stöhnten und fluchten die anderen, während Norman ungestört weiterschlief – und weiterschnarchte! Weil ich aber morgens zwischen vier und fünf Uhr aufstehen und zur Farm marschieren musste und ich meinen Schlaf brauchte, begann ich schließlich gegen das Schnarchen anzukämpfen. Ich schlug mit der Faust gegen das Bambusgestell, wonach für eine Weile Ruhe eintrat.

Eines Nachmittags, als ich von der Farm ins Lager zurückkehrte, fand ich Norman in einer sehr ernsten Stimmung vor. Er sagte, er habe über etwas nachgedacht, wüsste aber nicht so recht, wie er es mir gegenüber formulieren solle. Er hielt es für das Beste, ein paar Tage später mit mir einen Termin zu vereinbaren. Bis dahin würde er sich überlegen, wie er diese ernste Angelegenheit am besten in Worte fassen könne. Ich versicherte ihm, dass es völlig in Ordnung sei, mir alles sofort zu erzählen – ganz gleich, was es war. Norman ließ sich jedoch nicht von seinem Entschluss abbringen, einen regelrechten Termin festzusetzen. Ich stimmte dem schließlich zu und zerbrach mir in den folgenden Tagen den Kopf darüber, was meinem Freund wohl so schwer auf der Seele liegen könnte. Was veranlasste ihn nur dazu, so auf die Form bedacht und ausgesprochen geheimnisvoll zu sein?

Zur vereinbarten Zeit setzten wir uns zusammen und Norman begann mit vielen tröstenden Worten zu erklären, dass das, was er mir zu sagen hätte, nur zu meinem Besten sei und dass er nur mit mir sprechen wolle, weil wir Freunde seien und er sich um mein Wohlergehen sorge. Nach langem Zögern und nachdem ich ihm gut zugeredet hatte, rückte er endlich damit heraus. Anscheinend hatte er sich wegen meines Geisteszustandes große Sorgen gemacht und als Freund riet er mir, einen Psychiater aufzusuchen, sobald wir wieder auf freiem Fuß wären. Er teilte mir mit, dass er beunruhigende Anzeichen bemerkt habe, die ihn glauben machten, dass es mit mir geistig und seelisch nicht zum Besten stand.

Er sagte, fast jede Nacht hätte ich im Schlaf wild gegen das Bambusbettgestell geschlagen und ihn dadurch aufgeweckt. Er sei schließlich zu dem Schluss gekommen, dass ich unter einer furchtbaren Geistesstörung leiden müsse, die auf unsere lange Gefangenschaft zurückzuführen sei. Mit bedauernder Miene erklärte er, es tue ihm sehr leid, mir das sagen zu müssen, aber nachdem er sich die Angelegenheit sorgfältig überlegt habe, halte er es für seine Pflicht, mich von seinem Befund in Kenntnis zu setzen, damit ich von diesem Leiden geheilt werden könne.

Ich habe Norman nie erzählt, was wirklich vor sich gegangen war, doch nach dieser Begebenheit musste ich oft leise vor mich hin lachen. Und das hatte ich damals wirklich nötig.

MENTALE EINFLÜSSE

In all den Jahren ist es nur einmal vorgekommen, dass ich geschlagen wurde. Aber selbst daraus habe ich eine nützliche Lehre gezogen – mich durch nichts und niemanden dazu bringen zu lassen, gegen das eigene Urteilsvermögen zu handeln. Ein besonders eigensinniger Soldat bestand hartnäckig darauf, stellvertretender Aufseher zu werden. Ich spürte seinen Starrsinn sowohl mental als auch in seinen Worten. Der mentale Druck schien mir meine Fähigkeit zum wahren Denken zu nehmen und ich gab ihm schließlich nach. Da legte der Mann seine Schaufel weg und fing an wie ein Aufseher herumzulaufen. Innerhalb weniger Minuten wurde ein Wachtposten auf ihn aufmerksam und verabreichte ihm eine Tracht Prügel. Als er dann zu mir gebracht wurde, beteuerte er, dass ich ihn zu seinem Tun angewiesen hätte, und daraufhin erhielt ich einen schweren Schlag ins Gesicht.

Wie oft leiden wir unter den schmerzlichen Folgen, wenn wir falschen Einflüssen nachgeben! Um uns in solchen Fällen zu schützen, müssen wir den mentalen Druck als fehlgeleiteten menschlichen Willen – entweder in uns selbst oder in anderen

– erkennen und ihn zurückweisen, weil er das Gegenteil vom Willen GOTTES, des Guten, ist. Nach diesem Vorfall achtete ich noch stärker darauf, dass sich keine hörbaren oder unhörbaren Suggestionen in mein Denken einschlichen.

Ich machte auch die Erfahrung, dass die Menschen im Fernen Osten in vielerlei Hinsicht ein feines Gespür für Falschheit, Unehrlichkeit und Gefahr entwickelt haben. Der folgende Vorfall veranschaulicht das. Wie ich bereits erwähnte, mussten die Gefangenen die harte, trockene Erde umgraben, und das unter der sengenden Tropensonne. Ihre Gemütsverfassung schwankte zwischen dumpfer Verzweiflung und blutiger Rachsucht. An jenem Tag befahl mir ein Wachtposten – ein eher stiller, gutmütiger Koreaner, der sich normalerweise unbewaffnet unter den Gefangenen bewegte – mitzukommen und zu übersetzen, was er einem Gefangenen sagen wollte. Als wir zu dem Gefangenen kamen, der getrennt von den anderen an einer abgelegenen Stelle arbeitete, sollte ich ihm sagen, dass er streng bestraft werden würde, wenn er weiterhin schlechte Gedanken hätte. Dann ging der Wärter fort.

Neugierig fragte ich meinen Mitgefangenen, was es damit auf sich hätte. Er gestand, dass er sich oft mit dem Gedanken getragen habe, einem Wachtposten, der in seine Nähe kommen und mit ihm allein sein würde, mit der Schaufel den Schädel

43

einzuschlagen. So heftig war die Suggestion von Hass und Rachsucht, die er in sein Bewusstsein eingelassen hatte, dass der Wächter die Gedanken und die Absicht des Gefangenen gespürt hatte. Wäre der Wachtposten nicht solch ein gutmütiger Mensch gewesen, hätte sich der Gefangene durch seine Gedanken wohl eine schwere Strafe zugezogen. *Wissenschaft und Gesundheit* sagt uns: „Du musst die bösen Gedanken sofort beherrschen, sonst werden sie später dich beherrschen" (S. 234). Böse Gedanken, wie zum Beispiel die des Gefangenen – Gedanken, die den Tod eines Menschen hätten verursachen können – werden in der Bibel von Paulus als „fleischlich gesinnt sein" bezeichnet, und zwar in seinem Brief an die Römer (8:6, 7): „Fleischlich gesinnt sein bedeutet Tod, und geistlich gesinnt sein bedeutet Leben und Frieden. Denn die Gesinnung des Fleisches ist Feindschaft gegen Gott, weil sie dem Gesetz Gottes nicht untertan ist; denn sie kann es auch nicht."

Geht es beim rechten Denken nicht darum, geistlich gesinnt zu sein, was die Bibel als Leben und Friede bezeichnet, und darum, Gedanken wie Rache, Hass, Böswilligkeit usw. fernzuhalten? Trägt uns die Bibel nicht auf: „Ihr sollt so gesinnt sein, wie Jesus Christus auch war" (Phil 2:5)? Jesus ist das beste Beispiel. Sein Bewusstsein war mit Gedanken von GOTT erfüllt. Die Christliche Wissenschaft beseitigt alle Missverständnisse in Bezug auf Jesus den Christus (wie er im Griechischen genannt wurde) und vermittelt das rechte Verständnis von Christus Jesus in der folgenden aufschlussreichen Erklärung, die in *Wissenschaft und Gesundheit* (S. 332) zu finden ist:

> Jesus wurde von Maria geboren. Christus ist die wahre Idee, die das Gute verkündet, die göttliche Botschaft von GOTT an die Menschen, die zum menschlichen Bewusstsein spricht ... Wie Paulus sagt: „Es ist *ein* Gott und *ein* Mittler zwischen Gott und den Menschen, nämlich der Mensch Christus Jesus." Der körperliche Mensch Jesus war menschlich.

Der Christus ist also nicht eine menschliche Person, sondern das göttliche Bild oder die wahre Idee GOTTES, die Jesus so vollkommen darstellte. Der Christus ist gegenwärtig und ist da, um immer und überall zu heilen und zu erlösen. Der Christus ist es, der uns dazu befähigt, auf GOTT zu lauschen und göttliche Weisungen zu empfangen.

45

Zweites Kapitel

Zweites Kapitel

WEIHNACHTEN
IM GEFANGENENLAGER

Wir können davon ausgehen, dass wir hören, was der Christus uns zu sagen hat. Und wir können davon ausgehen, dass auch andere – ungeachtet ihrer Rasse, Hautfarbe oder Religion – die göttliche Botschaft hören.

Ich erlebte dies einmal, als es im Laufe der Zeit mit der Moral und Gesundheit vieler Gefangener stetig bergab ging. Es gab weder genug zu essen noch Nahrungsmittel, die für eine gesunde Ernährung notwendig sind. In jenem Jahr fragte mich kurz vor Weihnachten der Lagerarzt, ebenfalls ein Kriegsgefangener, ob ich versuchen könnte, den japanischen Farmkommandanten dazu zu bewegen, in den umliegenden Dörfern Obst zu kaufen. Er sagte, dies würde vielleicht einigen Gefangenen, die an Beriberi oder einer anderen Krankheit litten, das Leben retten.

Man hatte zu diesem Zweck Geld gesammelt und mir wurde ein kleines Bündel Scheine übergeben, um die Früchte zu bezahlen, falls ich mit meiner Bitte Erfolg haben sollte. Ich betete darum, diese Aufgabe richtig angehen zu können, und machte mich auf den Weg zur Hütte des Farmkommandanten. Als ich vor seinem Schreibtisch stand, erkannte ich an seinem Gesichtsausdruck, dass ich bei ihm nie etwas ausrichten würde. Dann kam mir der Gedanke: „Erzähle ihm von Weihnachten." In dem Moment erschien mir dies als ein sehr außergewöhnlicher Gedanke, denn ich hielt diesen Japaner für einen Schintoisten, der weder von Christus noch von Weihnachten eine Vorstellung hatte. Ich überwand jedoch meinen Widerwillen, gehorchte meiner Intuition und in einer Mischung aus verschiedenen Sprachen begann ich, so gut ich konnte, ihm die Bedeutung des Weihnachtsfestes klar zu machen, so wie ich sie durch die Christliche Wissenschaft verstand. Ich sprach von der Christus-Idee, von der wahren Brüderlichkeit der Menschen, von der Liebe und dem Wohlwollen füreinander. Dann bat ich ihn darum, viel Obst aus den Dörfern holen zu lassen, damit Weihnachten für die kranken Männer im Lager einen wirklichen Sinn hätte.

Die ganze Zeit über begegnete mir eisiges Schweigen. Nicht ein Funken von Verständnis oder Mitgefühl war zu bemerken. Zu guter Letzt versuchte ich einige Gedanken zu wiederholen, die ich zuvor hatte vermitteln wollen, und legte das Bündel Geldscheine auf den Schreibtisch. Das Geld wurde brüsk beiseite gefegt. Beim Weggehen hatte ich nicht die geringste Ahnung, ob meine Bitte verstanden worden war. Dennoch ließ ich weder Enttäuschung noch Groll aufkommen. Ich wusste, dass ich und alle Männer, sowohl die Gefangenen als auch die Wächter, in Wirklichkeit in einer geistigen Dimension, in einem von GOTT regierten Reich leben, weben und sind.

Als ich einige Tage später auf dem Feld die Runde machte, sah ich einen aufgeregten Wachtposten mit dem Fahrrad auf mich zufahren. Er winkte wild und rief mir zu, dass ich sofort mit ihm kommen solle. Dann fing er an, mich vorwärts zu schubsen, um mich zum Laufen zu bringen, während er auf Französisch rief: „Courez, courez!" („Laufen Sie, laufen Sie!") Zuerst dachte ich, irgendwo hätte wieder jemand Prügel bezogen und ich würde da gebraucht. Ich wurde jedoch zur Hütte des Lagerkommandanten getrieben und man befahl mir hineinzugehen. Drinnen stand der Kommandant breit grinsend hinter seinem Schreibtisch und auf dem Fußboden um ihn herum hockten mehrere Javaner neben riesigen Körben voller Obst. Erstaunt und dankbar trat ich vor und legte das Bündel Geldscheine, das ich noch bei mir hatte, auf den Schreibtisch. Wieder wurde es brüsk beiseite gefegt, doch diesmal traute ich kaum meinen Augen und Ohren. Der Kommandant deutete auf seine Brust und wiederholte „Weihnakt, Weihnakt" und dann nahm er Geld aus seiner eigenen Hosentasche und bezahlte die Früchte.

Ich kann Ihnen sagen: An dem Tag marschierten die Männer freudig ins Lager zurück, einen Karren voller Obst vor sich herschiebend. Der Christus-Geist war an diesem Weihnachtsfest wirklich zu spüren. Selbst die Wächter schienen aufgeregt zu sein. Ja, der Christus-Geist hatte die Barrieren von Rasse, Hass und Verzweiflung durchbrochen. Alle Menschen haben wahrlich einen GOTT und Vater. Der Christus ist es, der die Kluft überbrückt, die die Menschen zwischen sich und GOTT geschaffen haben. Durch die Christus-Botschaft, die ich empfing und die auch der japanische Kommandant verstand, erwies sich hier ein sogenannter Feind als ein großmütiger Freund.

ALLUMFASSENDE BRÜDERLICHKEIT

Ja, wenn der Christus in unserem Bewusstsein am Werk ist, erfüllt sich Jesu Gebot, „dass ihr einander liebt, wie ich euch geliebt habe" (Joh 15:12). Ein christliches Ideal wie dieses erhebt sich über religiöse Ansichten und findet im Herzen aller Menschen Resonanz.

Mary Baker Eddy schreibt: „Jesus demonstrierte Christus; er bewies, dass Christus die göttliche Idee GOTTES ist – der Heilige Geist oder Tröster, der das göttliche PRINZIP, LIEBE, offenbart und der in alle Wahrheit führt" *(Wissenschaft und Gesundheit,* S. 332).

Auch wir demonstrieren diesen Christus, wenn unsere Gedanken und damit unsere Handlungen rein sind, wenn sie mit GOTT, WAHRHEIT, in Einklang stehen und somit Probleme in unseren menschlichen Beziehungen lösen. Rassenkonflikte und Rassenhass sind wahrhaftig zum Untergang verurteilt, denn der Christus klopft an die Tür der Menschheit und drängt darauf, eingelassen zu werden. Die Menschen werden durch das wissenschaftliche Verständnis vom Christus eine neue Form des allumfassenden brüderlichen Zusammenlebens finden und sich gegenseitig so sehen, wie sie in Wirklichkeit sind, nämlich GOTTES geistige Ideen, die von der LIEBE Geliebten. Schreit die Welt heute nicht geradezu nach einer völlig neuen Lebensdimension, die frei von Hass, Furcht und all den anderen Übeln ist, die der Menschheit zu schaffen machen? Und muss dies nicht durch eine Umwälzung im Denken jedes Einzelnen geschehen, damit Feinde wie Furcht, Unwissenheit und Sünde in die Flucht geschlagen werden?

Im Laufe der Jahrhunderte haben sich die menschlichen Bemühungen, den Völkern Frieden zu bringen, als unzureichend erwiesen. Die Vergeistigung des Denkens ist der einzige Weg der Menschheit zum Frieden. Paulus schreibt: „Die Frucht aber des Geistes ist Liebe, Freude, Friede, Geduld, Freundlichkeit, Güte, Treue, Sanftmut, Selbstbeherrschung. Gegen all das ist das Gesetz nicht" (Gal 5:22, 23). Würden die Menschen diesen Geist in ihrem Denken und Herzen beherbergen, wären keinerlei Strafgesetze notwendig.

Wie Sie sehen, lieber Leser, war meine Kriegsgefangenschaft eher zu einem Abenteuer als zu einem Alptraum geworden – und das, obwohl ich erst ein geringfügiges Verständnis erlangt hatte, indem ich so gut ich konnte der Anweisung folgte, mein Denken zu beherrschen, das heißt, gemeine und schlechte Gedanken abzuweisen und auf die Führung von oben zu lauschen. Wenn ich auch durch mangelhafte Ernährung nur noch ein Schatten meiner selbst war, wurde ich doch in diesen drei Jahren im Lager nie krank.

Während meiner Gefangenschaft wurde mir noch ein weiteres Mal bewiesen, dass der Christus einen Einfluss auf das menschliche Bewusstsein ausübt. (Dies betrifft die bereits erwähnte Begebenheit, bei der ich behauptete, mein Bibelbegleitbuch hätte etwas mit meiner Sicherheit zu tun.) Von Zeit zu Zeit wurde eine Liste mit den Namen der Gefangenen angeschlagen, die zu einem Kriegsgefangenenlager in Japan verschifft werden sollten. Als Gefangener in Japan zu sein hatte wenig Reiz, doch bestand zusätzlich noch eine Gefahr dabei. Die Schiffe wurden so oft von den Alliierten torpediert, dass sich die Gefangenen glücklich schätzen konnten, wenn sie es überhaupt schafften, Japan zu erreichen.

Mein Name verschwand plötzlich von diesen Listen. Obgleich ich zweimal mitten in der Nacht zu diesem Zweck mit anderen Gefangenen antreten musste, wurde ich jedesmal herausgegriffen und in die Baracke zurückgeschickt. Erst als ich am Kriegsende den Mann kennenlernte, der an der Übersetzung von *Wissenschaft und Gesundheit* gearbeitet hatte, fand dieses Rätsel seine Lösung. In fließendem Englisch sagte er, dass er zur japanischen Geheimpolizei gehöre, sich mit dem Buch eingehend befasst und für meine Sicherheit gesorgt habe. Wiederum war durch das Wirken des Christus ein Feind in einen Freund verwandelt worden, wenn ich auch damals nichts davon gewusst hatte.

TAG DES ANZAC

In dieser schweren Zeit gab es nicht nur freudige und heitere Augenblicke, sondern auch Augenblicke von bewegender Schönheit, ja sogar Erhabenheit, wenn der menschliche Geist zu unerwarteten Höhen emporstieg und den widerlichen Hass und die Furcht hinter sich ließ. Dies geschah einmal am 25. April, der als Tag des ANZAC (Australian and New Zealand Army Corps) gefeiert wird.

Die Arbeitskolonne, die jeden Morgen nach Tanjong Oost marschierte, bestand größtenteils aus muskulösen Soldaten, von denen viele aus dem australischen Hinterland stammten und an ein hartes Leben gewöhnt waren. Doch fast drei Jahre voller Elend und Entbehrungen hatten sie zu einem zerlumpten Haufen mutloser Männer werden lassen, die sich verzweifelt an die Hoffnung klammerten, dass eines Tages ihre Kameraden kommen und sie befreien würden.

An diesem Tag waren sie so niedergeschlagen wie noch nie, denn sie dachten an die Zeit in der Heimat zurück, als der Tag des ANZAC ruhmreiche Erinnerungen an die europäischen Schlachtfelder des Ersten Weltkriegs weckte. Am Vormittag fanden überall feierliche Zeremonien und bunte Paraden zu flotten Märschen statt. Um elf Uhr versammelten sich die Menschen an den Kriegsdenkmälern auf den Plätzen der Klein- und Großstädte, um die Gefallenen zu ehren. Zu dieser Stunde standen alle still und ein Hornist spielte den „Letzten Posten", dem eine Schweigeminute folgte.

Der Morgen auf der Tanjong-Oost-Farm war an jenem Tag besonders schön. Es war windstill und etwas nahezu Überirdisches lag in der Luft. Ich fühlte mit den Männern und überlegte hin und her, ob ich nicht etwas tun könnte, um den Bann dieser düsteren Stimmung zu brechen und ihnen ihre Würde und ihr Selbstwertgefühl zurückzugeben. Dann kam mir eine Idee, die anfangs nicht nur tollkühn, sondern auch höchst gefährlich erschien. Andererseits war mir klar, dass die Situation sowieso schon höchst gefährlich war wegen all der niedergeschlagenen und kranken Männer, von denen manchen sogar der Wille zum Leben fehlte. Wir hatten einen Hornisten bei uns, der jeden Morgen das Wecksignal blies und auch das Signal für die Ruhepausen, das Mittagessen und den abendlichen Rückmarsch ins Lager.

Wie wäre es wohl, dachte ich mir, wenn der japanische Lagerkommandant die Erlaubnis erteilen würde, diesen Hornisten Schlag elf den „Letzten Posten" blasen und die Männer eine Minute lang Haltung annehmen zu lassen? Zuerst erschien das undenkbar, weil jegliche gemeinsame Handlung untersagt war. Die vom japanischen Oberkommando erlassenen Vorschriften waren in diesem Punkt äußerst genau.

Wie ich schon früher erwähnte, verließ ich mich jedoch immer mehr auf meine Intuition und in diesem Fall spürte ich ein starkes Verlangen, den

Versuch zu unternehmen, diesen Plan auszuführen. Ich machte die Runde auf dem Feld und sprach mit einer Reihe von Männern, auch mit dem Hornisten. Alle sagten, dass dies ihnen wirklich neuen Mut geben würde. Der Tag des ANZAC in Tanjong Oost! Was für eine fantastische Möglichkeit! Als Nächstes ging ich zur Hütte des Kommandanten, den ich an seinem Schreibtisch sitzend vorfand. Im Laufe der letzten Monate hatte ich bemerkt, dass er mir immer größeres Vertrauen entgegenbrachte und das ließ mich glauben, dieser Mann würde sich meinen Vorschlag anhören. Die Wachtposten machten beispielsweise nicht mehr ständig ihre Runden auf der Farm, sondern blieben in ihren Wachttürmen am Rand des Lagers. In einer Mischung aus Malaiisch und Englisch legte ich meinen Plan dar, wobei ich innerlich an dem Gedanken festhielt, dass alle Menschen unter GOTT Brüder und nicht hasserfüllte Feinde sind. Der japanische Kommandant hörte mir geduldig zu, als ich meine Bitte mehrere Male wiederholte. Er sagte kein einziges Wort, aber ich hatte die Erfahrung gemacht, dass dies nicht unbedingt ein schlechtes Zeichen war.

Dann kehrte ich zu den Männern zurück und teilte ihnen mit, dass ich dem Kommandanten den Plan unterbreitet hatte, und wenn es ihnen recht sei, würde ich dem Trompeter Bescheid geben. Sie hatten dies schon untereinander besprochen und waren einverstanden. Da ich seit meinen Erfahrungen im Gefängnis von Bandung weder Hass noch Angstgefühle verspürte und nur das Verlangen hatte, ein Leben zu leben, das das wahre Christentum zum Ausdruck bringt, war ich voller Zuversicht, dass GOTT die höchste Macht ist und dass das Christentum nicht nur eine Religion, sondern die rechte Art zu leben und handeln ist.

Als es auf elf Uhr zuging, wurde mir klar, dass die Posten auf den Wachttürmen überhaupt nicht wussten, was hier vor sich gehen würde. Wie reagierten sie wohl, wenn das Horn zu einer ungewöhnlichen Zeit geblasen würde und alle Männer ihre Schaufeln fallen ließen und Haltung annahmen?

Nur wenige Minuten vor elf Uhr kam ein Wächter auf einem Fahrrad aus der Richtung, wo sich die Hütte des Kommandanten befand. Er fuhr in vollem Tempo von einem Wachturm zum anderen, wobei er laut rufend Anweisungen zu geben schien. Ein teuflischer Gedanke drängte sich mir auf. Er befiehlt ihnen zu schießen! Ich verwarf den Gedanken, so wie ich es gelernt hatte, und hielt stattdessen daran fest, dass diese Männer nur Liebe und Güte zum Ausdruck bringen konnten. Auch sie hatten diese christusgleichen Eigenschaften von ihrem himmlischen Vater geerbt.

Noch nie hatte „Der letzte Posten" so geklungen wie in der Stille und Klarheit jenes Tages. Es war ein sehr bewegendes Erlebnis – als ob ein wunderbares Gebet gesprochen worden wäre. Eine endlose Minute lang nahmen die etwa hundert Gefangenen Haltung an. Als ich dann auf die Wachttürme sah, bot sich mir ein sehr erstaunlicher und inspirierender Anblick. Alle Wachtposten hatten ebenfalls Haltung angenommen. Auch der Wächter, der umhergefahren war, hatte sein Fahrrad auf den Boden gelegt und stand stramm. In dieser Minute spürte ich, dass sich eine Engelschar unserer annahm. Ich sah das Wirken des Christentums, wie ich es noch nie zuvor gesehen hatte – zumindest nicht in einem solchen Ausmaß. Der Christus-Geist hatte zweifellos die Macht des Bösen besiegt. An jenem Abend marschierten die Männer mit kräftigen Schritten und erhobenem Kopf. Dieser Tag des ANZAC wurde für uns alle zu einem sehr bedeutenden Erlebnis.

Drittes Kapitel

Drittes Kapitel

DER KAMPF EINER NATION

Gegen Ende des Krieges wurden wir in ein Lager in Batavia, dem heutigen Jakarta, überführt, um in einer Fabrik zu arbeiten, die wohl früher einmal eine Automontagehalle gewesen war. Dort traf ich auch auf den Mann, der jenes mysteriöse Erlebnis im Gefängnis aufklärte, als ich mitten in der Nacht mit dem Gefühl erwachte, jemand versuchte mein Denken zu beeinflussen. Dieser Mann, der in Zivil gekleidet war, wurde mit anderen in den Gebäudekomplex gebracht. Er war Javaner und als wir uns eines Tages unterhielten, erzählte er mir, dass er sich gut an mich erinnere. Ich glaubte jedoch ihn nie zuvor gesehen zu haben. Er sagte, er war in dem Gefängnis angestellt, wo ich in Einzelhaft gehalten wurde.

Offenbar war er in jener Nacht dabei gewesen, als die Aufseher versucht hatten, mein Denken zu manipulieren oder suggestiv zu beeinflussen, um mich dann zu verhören. Er erinnere sich so gut an mich, erklärte er, weil der Versuch, mich mental zu manipulieren, keinerlei Wirkung bei mir gezeigt hatte. Das beeindruckte ihn so sehr, dass er sich meinen Namen, Rang und meine Kennnummer notierte. Ob er nun der Mann war, den man eigens damit beauftragt hatte, konnte ich nicht herausfinden. Dass jedoch eine derartige Gedankenmanipulation das genaue Gegenteil von göttlicher Inspiration ist, sollten wir alle begreifen und uns davor schützen. Daher müssen wir viel über das Denken nachdenken und uns fragen: „Denkst du oder denkst du nur, dass du denkst?" Die Antwort auf diese überaus wichtige Frage liegt in den Worten Jesu, unseres Wegweisers: „Ich kann nichts von mir selber tun. Wie ich höre, so richte ich, und mein Gericht ist gerecht; denn ich suche nicht meinen Willen, sondern den Willen des Vaters, der mich gesandt hat" (Joh 5:30).

Wir leben in einer Gedankenwelt und werden ständig damit konfrontiert, zwischen fehlbaren menschlichen Vorstellungen (mitunter in Form von aggressiven mentalen Einflüsterungen) und geistigen Ideen wählen zu müssen. Was uns aber befähigt, jederzeit die richtige Wahl zu treffen, ist das geistige Verständnis. Die Christliche Wissenschaft lehrt uns: „Verständnis ist die Scheidelinie zwischen dem Wirklichen und dem Unwirklichen" *(Wissenschaft und Gesundheit,* S. 505). Dieses geistige Verständnis ist jedem von uns zu Eigen und kann in uns allen zur Entfaltung gebracht werden. Ich habe es durch die Lektüre der Bibel und des Buches *Wissenschaft und Gesundheit* gefunden. Ohne das geistige Verständnis sind wir mehr oder weniger wie ein steuerloses Schiff, das von den jeweils vorherrschenden mentalen Böen und Wellen hin und her geworfen wird. Mit diesem Verständnis können wir einen geraden Kurs steuern und jedem Hindernis mit Abenteuergeist entgegentreten, weil wir wissen, dass es eine Gelegenheit ist, zu neuen Höhen zu gelangen.

Die Arbeit in der Automontagehalle war nur von kurzer Dauer. Gerüchte gingen um, dass uns die Japaner aus Propagandagründen dorthin verlegt hatten. Wir sollten angeblich als Zielscheibe dienen, falls die Alliierten die Anlage bombardierten. Nach kurzer Zeit mussten wir jedoch nicht mehr in der Fabrik arbeiten und wurden in einem früheren holländischen Militärstützpunkt im Zentrum von Batavia untergebracht.

Dieses Lager in Batavia wurde allmählich so mit Gefangenen vollgestopft, dass sich der Gedanke aufdrängte, etwas Außergewöhnliches stehe bevor. Plötzlich sollte ich zur Wachbaracke kommen. Dort sagte man mir, ich würde zum Verhör nach Bandung gebracht. Mehr als drei Jahre waren nun seit meinem Verhör im Gefängnis von Bandung vergangen und ich hatte keine Ahnung, worum es jetzt ging. Unter strenger Bewachung wurde ich zum Bahnhof und dann mit dem Zug in jene Stadt gebracht, in der meine Kriegserlebnisse ihren Anfang genommen hatten. Diesmal bestand das Gefängnis, in dem ich einquartiert wurde, aus aneinandergereihten Käfigen, die einem kleinen Hof zugekehrt waren. Die Käfige waren mit Zivilisten angefüllt, einige mit Männern, andere mit Frauen. Ich kam in den Käfig am Ende der Reihe – ganz allein.

Es vergingen mehrere Tage, an denen ich ein- oder zweimal mit anderen im Hof umhergehen und etwas Gymnastik treiben durfte, jedoch stets unter Bewachung. Eines Morgens wurde ich dann zum Verhör in einen Raum geführt. Es ging um mein Tagebuch. Als ich gefangen genommen wurde, hatte ich gerade noch genügend Zeit gehabt, dieses Tagebuch durch eine Öffnung in der Decke eines der kleinen Zimmer des Gästepavillons zu schieben, bevor ich versuchte, über die Gartenmauer zu entkommen. Offensichtlich hatte man das Haus gründlich durchsucht und mein Tagebuch gefunden. Wie ich bereits erwähnte, hatte ich darin Beobachtungen und philosophische Gedanken zu dem Drama, das sich um mich herum abspielte, aufgeschrieben – ich hatte die Niederlage der Japaner vorausgesagt und wie sie sich auf die Indonesier auswirken würde.

Da ich vor dem Krieg mit Japan auf Java angekommen war, hatte ich die Auswirkungen der Kolonisation auf das indonesische Volk sehen können. Die Indonesier führten nahezu ein Sklavenleben, denn als Bedienstete mussten sie für ganze zehn holländische Cent pro Tag unzählige Stunden arbeiten. In meinem Tagebuch hatte ich behauptet, dass ich nach diesem Krieg das Ende der 350-jährigen niederländischen Kolonialherrschaft kommen sähe. Außerdem hatte ich die Vermutung niedergeschrieben, dass die Indonesier bei jenen Hilfe suchen würden, die – wie ich überzeugt war – eines Tages erscheinen und Java von den damaligen Besatzern befreien würden.

Dieser Gedanke war mir folgendermaßen gekommen: Gewiss würden es in erster Linie Amerikaner sein, die uns befreiten. Da ich drei Jahre lang in den Vereinigten Staaten gelebt hatte, war ich mit der Anfangsgeschichte und den großartigen Gründungsdokumenten – der Unabhängigkeitserklärung und der Verfassung der Vereinigten Staaten von Amerika – vertraut. In Holland hatte ich in der Schule gelernt, dass sich unter den ersten Siedlern in Amerika sowohl Holländer als auch Engländer befanden, die ihre Heimat hauptsächlich um der religiösen Freiheit willen verlassen hatten. Freiheit, das wusste ich, sahen die Amerikaner als das Grundrecht eines jeden Menschen an. Ich war der Meinung, dass GOTT den

Indonesiern zweifellos helfen würde, ihre Freiheit durch die derzeitigen Ereignisse zu erlangen.

Ein Satz aus der Unabhängigkeitserklärung, der mir ganz besonders aufgefallen war, beginnt mit den Worten: „Wir erachten folgende Wahrheiten als selbstverständlich: dass alle Menschen gleich geschaffen sind." In meinem Tagebuch hatte ich notiert, dass die Indonesier diesen Satz mit großen Buchstaben auf die vielen Steinmauern von Batavia schreiben sollten, wo ihn die amerikanischen Befreier auf keinen Fall übersehen würden.

In dem Verhör, dem ich nun unterzogen wurde, ging es hauptsächlich um den Verdacht der Japaner, dass ich vor meiner Gefangennahme mit javanischen Untergrundbewegungen, die für die Befreiung von der holländischen Fremdherrschaft kämpften, in Verbindung gestanden hätte – aber das war natürlich nicht der Fall gewesen. Dann wurde ein junger Javaner in westlicher Kleidung hereingebracht – vielleicht hatte er einer solchen Untergrundbewegung angehört – und wieder drängte man mich zu erklären, warum ich solch eine Aussage niedergeschrieben hatte, mit wem ich in Kontakt gewesen sei und ob ich diesen Mann kenne. Ich beteuerte, ich hätte dies lediglich aus dem Grund geschrieben, weil ich fest daran glaube, dass alle Menschen frei sein sollten und dass GOTT – dessen war ich gewiss – dem indonesischen Volk den Weg in die Freiheit weisen würde.

Ich wurde schließlich wieder in meine Zelle gebracht und am nächsten Tag ging es mit dem Zug zurück zum Kriegsgefangenenlager in Batavia. Die Mutmaßungen über die Vorgänge auf dem Kriegsschauplatz nahmen täglich zu, doch die Japaner ließen sich nicht anmerken, dass sich das Blatt gegen sie gewendet hatte. Sie riefen wie gewöhnlich zum Appell und führten ihre Inspektionen durch. Dann kam der Tag, den die Soldaten in japanischer Kriegsgefangenschaft niemals vergessen werden. Die Japaner hatten kapituliert. Atombomben hatten dem Krieg ein jähes Ende gesetzt und jetzt war der Spieß umgedreht. Die Folge war ein geschäftiges Treiben. Flugzeuge warfen Lebensmittel ab und die Evakuierung der Gefangenen wurde vorbereitet.

Als ich zu einer neuen Unterkunft in Batavia gebracht wurde, hatte ich ein erstaunliches Erlebnis. Unterwegs kamen wir an einer hohen Steinmauer vorbei, auf der mit sehr großen, weißen Buchstaben in Englisch geschrieben stand: „Wir erachten folgende Wahrheiten als selbstverständlich: dass alle Menschen gleich geschaffen sind, dass sie von ihrem Schöpfer mit gewissen unveräußerlichen Rechten ausgestattet sind, dass dazu Leben, Freiheit und das Streben nach Glück gehören." Es ist eine historische Tatsache, dass die Javaner in den Genuss dieser kostbaren menschlichen Freiheit kamen und dass die Holländer feststellten, dass ihr Wohlstand nicht von der Arbeit und den Mühen eines versklavten Volkes abhing.

Mary Baker Eddy gibt dem Wort Freiheit die umfassendste Bedeutung, wenn sie in *Wissenschaft und Gesundheit* (S. 227) schreibt:

> Wenn wir die Rechte des Menschen erkennen, können wir nicht umhin, den Untergang aller Unterdrückung vorauszusehen. Sklaverei ist nicht der rechtmäßige Status des Menschen. GOTT hat den Menschen frei erschaffen. Paulus sagte: „Ich bin frei geboren." Alle Menschen sollten frei sein. „Wo der Geist des Herrn ist, da ist Freiheit." LIEBE und WAHRHEIT befreien, aber Böses und Irrtum führen in Gefangenschaft. Die Christliche Wissenschaft erhebt die Fahne der Freiheit und ruft: „Folgt mir! Entflieht der Knechtschaft von Krankheit, Sünde und Tod!" Jesus zeichnete den Weg vor. Bürger der Welt, nehmt die herrliche „Freiheit der Kinder Gottes" an und seid frei! Das ist euer göttliches Recht.

Zweiter Teil

**In der Freiheit
aus der Gefangenschaft entkommen**

Zweiter Teil

In der Freiheit
aus der Gefangenschaft entkommen

Viertes Kapitel

DIE BESCHÄFTIGUNGSFRAGE

Der Krieg endete damit, dass sich die Japaner den Amerikanern und Alliierten ergaben, und diejenigen von uns, die die Gefangenenlager im Fernen Osten überlebt hatten, wurden per Flugzeug oder Schiff in ihre jeweiligen Heimatländer zurückgeschickt.

Nachdem ich in Australien wieder mit meiner Familie vereint war, stand mir nun die Wiedereingliederung in das normale Zivilleben bevor. Zuallererst musste ich eine sinnvolle Arbeit finden, so dass ich für meine Frau, meinen Sohn, meine Tochter und für mich selbst sorgen konnte. Das schien anfangs nicht einfach zu sein, da sich meine Einstellung verändert hatte. Der Gedanke an eine Tätigkeit nur zum Zweck des Geldverdienens stieß mich jetzt ab. Ich hatte erlebt, auf welch wunderbare Weise GOTT in meinem Leben gewirkt hatte, und ich wollte, dass mein Leben so weiterging. Von der Militärbehörde wurde ich für völlig gesund erklärt und man teilte mir mit, dass ich eine kleine finanzielle Unterstützung gewährt bekäme, wenn ich vorhätte, einen Kurs an einer Schule oder Universität zu belegen. Ich hatte keinerlei Verlangen danach, die Arbeit, die ich vor dem Krieg ausübte, wieder aufzunehmen, und so wartete ich darauf, dass mir eine neue Idee kommen würde.

Langsam wurde mir klar, was ich wollte. Das geschah einfach so: Als ich lauschte und darauf wartete, geführt zu werden, entfaltete sich in mir eine bestimmte Vorstellung. Der erste Gedanke war: „Du wirst nur glücklich sein, wenn du dein Verlangen nach Schönheit stillst." Dieses Verlangen nach Schönheit hatte bereits dazu geführt, dass ich unsere kleine Wohnung mit den schönsten Blumen anfüllte, die ich finden konnte, und sie alle paar Tage durch frische ersetzte, damit sie auch nicht ein verwelktes Blatt oder eine verwelkte Knospe bekämen. Vor unserer Wohnung lag ein Garten, der zu einem Krankenhaus gehörte. Ich sprach mit der verantwortlichen Oberschwester und erhielt die Erlaubnis, aus dem Holzzaun, der unsere Aussicht versperrte, jede zweite Latte zu entfernen. Danach war unser Heim von Sonnenlicht durchflutet und wir blickten auf herrlich blühende Bäume und Büsche.

Ich brachte Wandleuchten an, verlegte einen neuen Fußboden und verwandelte eine eher spärlich eingerichtete Unterkunft in ein kleines Schmuckkästchen. Ich konnte einfach nicht aufhören, alles schöner zu machen. Es war, als ob ich einen großen Hunger verspürte, der nicht gestillt werden konnte. Ich erzähle Ihnen das, weil sich das Bedürfnis, meine Umgebung zu verschönern, nachhaltig auf meine zukünftige Laufbahn im Geschäftsleben und auf meinen Wohlstand auswirken sollte. Offensichtlich gibt es ein Gesetz, demzufolge wir zwangsläufig Höheres erreichen, wenn wir vollen Gebrauch von dem machen, was uns zur Verfügung steht.

Als ich fortfuhr zu lauschen, stellte sich ein zweiter Gedanke ein: „Was immer du auch tust, es muss andere segnen und ihr Leben verschönern." Dann kam mir noch ein dritter und letzter Gedanke: „Um wirklich erfolgreich zu sein, musst du das tun, was du am liebsten tust." Ich hatte nun eine Grundlage, von der ich ausgehen konnte, und war mir sicher, dass sich GOTTES Plan für mich zeigen würde.

Bevor ich zum Militärdienst ins Ausland geschickt wurde, war ich Lehrer an einer Ingenieurschule der Luftwaffe gewesen, wo ich mit Hilfe von Grafiken,

Dias und Filmen Flugpersonal ausgebildet hatte. Und hier fand ich meine Antwort. Ich wollte eine Laufbahn einschlagen, bei der all die erwähnten Aspekte miteinander verbunden und entwickelt werden konnten, um das Leben der Menschen zu verschönern und zu bereichern. Aber wie? Meine Nachforschungen ergaben, dass keinerlei Kurse für diese Bereiche an Schulen oder Fachhochschulen angeboten wurden. Der Begriff „audiovisuell" existierte damals noch nicht.

Als ich mit einem Regierungsbeamten über meinen Wunsch sprach, empfahl er mir, eine Firma zu suchen, die mir die nötigen Kenntnisse vermitteln könnte. Die Regierung würde mir auch hierfür das kleine Stipendium gewähren. Allmählich fügten sich die Teile zusammen.

Dann besuchte uns ein Freund der Familie und ich erzählte ihm von meinem Wunsch, verschiedene Bild- und Tontechniken zu erlernen, um sie zu etwas Künstlerischem und Schönem zu vereinen. Ich sagte ihm, dass ich mich am liebsten mit der Produktion von Lehrfilmen beschäftigen würde. Durch diesen Freund lernte ich einen Mann kennen (aus Gründen der Vertraulichkeit nenne ich ihn Andrew Ainsworth), der eine Firma für Werbe- und Industriefotografie hatte. Ainsworth hatte auch einige Lehr- und Werbefilme gedreht und wollte nun sein Geschäft auf den Filmbereich ausdehnen.

Ein Vorstellungsgespräch wurde vereinbart und danach bot ich mir die Möglichkeit, als Lehrling in der Filmabteilung von Mr. Ainsworths Firma zu arbeiten. Die Abteilung bestand nur aus einem Mann, der gerade mit der Herstellung eines kurzen Werbefilms beschäftigt war. Ich wurde sein eifriger Assistent und Lehrling.

Während der Kriegsjahre waren Mr. Ainsworths geschäftliche Aktivitäten erheblich zurückgegangen. Er sah sich gezwungen, seine Firma in ein ziemlich armes Viertel am Hafen zu verlegen, wo er das leer stehende obere Stockwerk eines alten Lagerhauses mietete, das Auktionatoren von Gebrauchtwaren gehörte.

Als der Krieg zu Ende war, kamen viele seiner früheren Angestellten zurück und wollten ihre alten Arbeitsplätze wieder einnehmen. Meine Geschäftserfahrung sagte mir, dass Mr. Ainsworth Mühe hatte, sich finanziell über Wasser zu halten.

Ich erhielt das kleine Stipendium, das mir von der Regierung zugesichert worden war und von dem meine Familie und ich leben konnten. Außerdem bekam ich den rückständigen Sold von der Luftwaffe.

In den nächsten Wochen lernte ich, wie man eine Szene ausleuchtet, einen Belichtungsmesser benutzt, den Film in die Kamera einlegt und die Blende am Objektiv einstellt. Wie ich bereits erwähnte, war ich ein fleißiger Schüler, ein richtiges Arbeitstier!

Das Gefühl, stets von GOTTES Hand geführt zu werden, machte meine Lehrzeit zu einem freudigen Erlebnis, obwohl ich hauptsächlich elektrische Kabel abwickeln und die Ausrüstung ab- und aufladen, tragen sowie einpacken musste. Dann nahmen die Ereignisse jedoch eine unerwartete Wendung.

Es muss nur einige Monate nach meinem Arbeitsantritt gewesen sein, als ich von der Behörde einen Brief mit einem beigefügten Formular erhielt, das von Mr. Ainsworth unterschrieben werden musste. Dieses Formular sollte bestätigen, dass ich tatsächlich als Lehrling in seinem Geschäft arbeitete. Ich ging damit zu Mr. Ainsworths Büro und im Vorraum sagte mir die Sekretärin, dass er niemanden bei sich hätte und mich bestimmt empfangen würde, wenn ich anklopfte.

Nachdem ich mehrere Male angeklopft und keine Antwort erhalten hatte, ging ich zur Sekretärin zurück und fragte, was ich tun solle. Sie riet mir die Tür zu öffnen und hineinzuschauen. Ich tat dies und zu meiner Überraschung sah ich, dass Mr. Ainsworth ausgestreckt auf dem Fußboden lag und offensichtlich starke Schmerzen hatte. Ich beugte mich über ihn und fragte, ob ich etwas für ihn tun könne. Er gab mir zu verstehen, dass er unter schweren Rückenschmerzen litt, die von den Ärzten nicht kuriert werden konnten und jetzt wohl ihren Höhepunkt erreicht hätten.

Ich bot an, ihn nach Hause zu bringen, und auf der langen Fahrt hielt ich es für angebracht, ihm davon zu erzählen, wie ich und meine Familie durch das Studium meines kleinen Bibelbegleitbuches und der Bibel geheilt worden waren. Ein naher Verwandter, fügte ich hinzu, war von einem Tumor geheilt worden. Ich versicherte ihm, dass diese von Jesus angewandte Heilmethode uns auch heute zur Verfügung steht und sein Rückenleiden heilen könne.

Am nächsten Tag ging ich ihn besuchen und gab ihm *Wissenschaft und Gesundheit.* Er versprach mir, das Buch zu lesen. Bei diesem Besuch schlug Mr. Ainsworth vor, einen Anteil an seiner Firma auf mich zu übertragen, wenn ich die Leitung seines Geschäftes übernehmen würde, solange er zu Hause blieb, um sein Problem auszukurieren. (Wie sich herausstellte, hatte er als Junge eine Sonntags- schule der Christlichen Wissenschaft besucht und wusste daher, dass diese Wissenschaft wunderbare Heilungen möglich macht.)

Sicher können Sie sich vorstellen, dass einige Angestellte bestürzt und aufgebracht waren, als ich plötzlich vom Lehrling zum geschäftsführenden Direktor der Firma aufstieg.

Der Produktionsleiter und ein Verkäufer kündigten, ebenso der Filmproduzent und die Sekretärin von Mr. Ainsworth. Die restlichen Angestellten verhielten sich ruhig und sicherten mir ihre volle Unterstützung zu, die ich dann auch erhielt. Die Tatsache, dass nun einige Gehaltsempfänger die Firma verlassen hatten, entlastete die äußerst angespannte finanzielle Lage und gab dem Geschäft etwas mehr Stabilität.

Fünftes Kapitel

Fünftes Kapitel

ZAHLTAG UND ETHIK

Es sollte jedoch nicht lange ruhig bleiben, denn selbst der Bereich Fotografie, der finanzielle Rückhalt der Firma, schwankte so stark, dass ich an einem Zahltag bald nach meiner Übernahme der Geschäftsleitung feststellen musste, dass unser Bankkonto nicht genügend Geld für die Gehaltszahlungen aufwies.

In meinem Büro betete ich ernsthaft, um meiner Furcht Herr zu werden. Ich erinnere mich noch, wie ich GOTT erklärte, ich könne unmöglich die Verantwortung dafür übernehmen, dass die Angestellten ohne Geld für Nahrungsmittel und das Lebensnotwendigste zu ihrer Familie nach Hause gingen. Also musste ich GOTT meine Last aufbürden, während ich an dem Glauben festhielt, dass Er bereit und imstande ist, für alle zu sorgen. Ich wies die Suggestion zurück, GOTTES Kindern könne es an etwas mangeln oder sie könnten in Verlegenheit kommen. Hatte Jesus das nicht bewiesen, als er „fünftausend Mann, ohne Frauen und Kinder" (Mt 14:21) mit nur einigen wenigen Broten und Fischen, die gerade zur Hand waren, speiste?

Etwa um halb drei kam das Mädchen, das immer zur Bank ging, und brachte mir den Scheck für die Gehälter zum Unterzeichnen. Ich sagte ihr, ich würde sie rufen, wenn ich damit fertig sei, und fuhr dann fort zu beten. Ich erhob mein Denken in jene geistige Dimension, in der, wie ich wusste, der Mensch als das geliebte Kind GOTTES ewig lebt. Etwa um Viertel vor drei kam das Mädchen wieder. Sie sagte, es bliebe nicht viel Zeit, und fragte, ob sie den Scheck haben könne. Noch einmal bat ich sie zu warten. Nun musste ich die Suggestionen von Furcht und Versagen äußerst entschlossen zurückweisen und mich auf GOTTES Gegenwart und GOTTES Allheit berufen.

Kurz vor drei erschien das Mädchen noch einmal gemeinsam mit einem Botenjungen. Sie könne es gerade noch zur Bank schaffen, bevor diese um drei Uhr schließe, sagte sie. Dann meldete sich der Junge zu Wort. Sein Chef habe ihn mit einem Scheck hergeschickt in der Annahme, ich würde ihn gerne entgegennehmen, obwohl die Zahlung noch nicht fällig sei. Es war eine Vorauszahlung für einen in Arbeit befindlichen Auftrag. Sie können sich vorstellen, mit welcher Dankbarkeit ich den Scheck für die Gehälter unterzeichnete und das Mädchen bat, den anderen Scheck gleichzeitig zur Gutschrift einzureichen. Er war von einer landesweit bekannten Firma ausgestellt und würde bei Sicht eingelöst werden. Wieder hatte ich einen Beweis für GOTTES stete, immer gegenwärtige Liebe.

Mary Baker Eddy gibt uns in ihren *Vermischten Schriften* (S. 306) folgende Zusicherung, die wir alle unter Beweis stellen können:

> Der Psalmist sagt: „Er hat Seinen Engeln befohlen, dass sie dich behüten." GOTT gibt euch Seine geistigen Ideen, und sie wiederum geben euch, was ihr täglich braucht. Bittet niemals für morgen; es ist genug, dass die göttliche LIEBE eine immergegenwärtige Hilfe ist, und wenn ihr wartet und niemals zweifelt, werdet ihr jeden Augenblick alles haben, was euch not tut.

Um zu zeigen, wie mir ein anderes Mal eine geistige Idee zu Hilfe kam, möchte ich noch ein weiteres Beispiel anführen. Unsere Firma schuldete einem Kunden eine Geldsumme; er hatte im Voraus für eine Werbeanzeige in einer Zeitschrift bezahlt, die wir herausbringen wollten. Die Zeitschrift kam jedoch nie zustande und der Kunde bat uns telefonisch, das Geld möglichst sofort zurück-zuzahlen. Ich überlegte mir, wie wir dieser Forderung nachkommen könnten, und stellte fest, dass wir einen Projektor für 16-mm-Filme, einen automatischen Diaprojektor und verschiedene andere Geräte übrig hatten, die vielleicht genug Geld einbringen würden, um die Schulden zu begleichen. Wir setzten Anzeigen in die Zeitung, doch kein Käufer meldete sich.

Dann kam mir eine geistige Idee in Form einer Bibelstelle aus dem Lukasevangeliurn, wo Jesus zu seinen Jüngern sagt: „Und wie ihr wollt, dass euch die Leute tun sollen, so tut auch ihr ihnen" (Lk 6:31). Ich sagte mir, dass ich sicher gerne wissen würde, was zur Rückzahlung eines Geldbetrages unternommen wird, den mir jemand schuldet, und dass ich aus Gründen der Nächstenliebe dem Kunden erklären sollte, welche Schritte wir eingeleitet hatten. Daher vereinbarte ich mit seiner Sekretärin einen Termin für den nächsten Morgen.

Die Tür zum Empfangsraum, in dem ich wartete, öffnete sich und der Herr kam mir mit ausgestreckter Hand entgegen, begrüßte mich herzlich und sagte: „Es freut mich Sie zu sehen!" Ein teuflischer kleiner Gedanke wisperte mir zu: „Er freut sich dich zu sehen, weil er glaubt, er bekommt das Geld." In seinem Büro wollte ich dann mit meiner Erklärung beginnen, wurde aber durch mein Gegenüber unterbrochen: Er freue sich besonders mich zu sehen, weil ich ihm vielleicht aus einer Klemme helfen könne.

Er war Geschäftsführer eines großen Konfektionsunternehmens und hatte in seiner Fabrik einen Raum eingerichtet, in dem er Lehrfilme und Dias vorführen wollte. Er hatte versucht, die nötigen Geräte dafür zu kaufen, musste jedoch feststellen, dass es keine gab und auch keine importiert wurden. Er dachte, ich wäre vielleicht imstande ihm zu helfen. Stellen Sie sich nur meine Freude und Dankbarkeit vor, als er anfing aufzuzählen, was er alles brauchte, denn es waren genau die Geräte, die ich verkaufen wollte. Die Schulden wurden auf der Stelle beglichen und am nächsten Tag brachten wir ihm die Geräte. Dieser Tausch war der Anfang einer angenehmen und profitablen Geschäftsbeziehung, in deren Verlauf wir neue Lehrfilme und Dias für ihn produzierten.

GOTTES Wege sind in der Tat wunderbar. LIEBE hatte beiden von uns geholfen. Es ist daher nicht verwunderlich, dass viele Kirchen der Christlichen Wissenschaft folgende Erklärung Mary Baker Eddys als Inschrift tragen: „Die göttliche LIEBE hat immer jede menschliche Not gestillt und wird sie immer stillen" *(Wissenschaft und Gesundheit,* S. 494).

Danach ergab sich eine interessante Herausforderung. Auf meinen Wunsch hin hatte unser Buchhalter, der halbtags arbeitete, einen Überblick über die finanzielle Lage der Firma angefertigt sowie eine Liste der Kunden erstellt, von denen wir regelmäßig Aufträge erwarten konnten. Die Liste war allerdings sehr kurz und der wichtigste Kunde war ein Whiskyhersteller, für den wir die Werbung betrieben. Dieses Unternehmen hatte uns während der gesamten Kriegszeit mit Aufträgen versorgt und damit der Firma regelmäßig Einkünfte gebracht.

Die Herausforderung war folgende: Sollte ich auf GOTT vertrauen, dass Er uns die zu der Zeit so dringend benötigten Aufträge beschafft, oder sollte ich auf das Whiskygeschäft vertrauen? Im Grunde meines Herzens wusste ich die Antwort auf diese Frage, doch es schien angebracht, die Sache erst mit Mr. Ainsworth zu besprechen, da er der Hauptaktionär unserer Firma war. Er sagte, er würde die Entscheidung mir überlassen, und so brachen wir die Geschäftsbeziehung mit dem Whiskykunden ab. Sogleich kamen neue Aufträge herein und der Einkommensverlust wurde mehr als wettgemacht.

SCHÖNHEIT UND GESCHÄFT

Da wir nun genügend Aufträge erhielten, um uns über Wasser zu halten, konnte ich als Produktionsleiter meine Aufmerksamkeit auf das äußere Erscheinungsbild unserer Firma richten. Während der Kriegsjahre waren die Räumlichkeiten vernachlässigt worden und sahen – um es milde auszudrücken – kahl und nicht gerade einladend aus. Wieder verspürte ich einen unwiderstehlichen Drang alles zu verschönern. Es schien jedoch keinerlei Möglichkeit zu geben, für ein solches Vorhaben auch nur den geringsten Geldbetrag aufzubringen. Mein Bibelbegleitbuch sagte mir: „Schönheit gehört zum Leben; sie wohnt immerdar im ewigen GEMÜT und spiegelt den Zauber Seiner Güte in Ausdruck, Form, Umriss und Farbe wider" *(Wissenschaft und Gesundheit,* S. 247). Ich hatte gelernt, auf dieses GEMÜT zu vertrauen und ihm zu lauschen, und ich glaubte, dass es mir den Weg weisen würde. Inzwischen war ich zu der Erkenntnis gelangt, dass es ein Gesetz GOTTES gibt, das jeden normalen menschlichen Schritt, der auf Verbesserung und Fortschritt abzielt, unterstützt. Als ich später von anderen gebeten wurde, ihnen bei Geschäftsproblemen behilflich zu sein, machte ich die Erfahrung, dass dieses Gesetz des Guten für jede rechtmäßige Angelegenheit gilt, sei sie groß oder klein. Am klarsten wird das in der Bibel in den ersten drei Versen des ersten Psalms dargelegt:

> Wohl dem, der dem Rat der Gottlosen nicht folgt, der den Weg der Sünder nicht betritt und nicht sitzt, wo die Spötter sitzen, sondern Freude hat am Gesetz des

Herrn und über sein Gesetz nachdenkt bei Tag und bei Nacht! Der ist wie ein Baum, gepflanzt an den Wasserbächen, der seine Frucht bringt zu seiner Zeit, und seine Blätter verwelken nicht; und alles, was er tut, gelingt ihm gut.

Schon bald zogen ein paar Vergrößerungen von Schwarzweißfotos, die im Empfangsraum hingen, meine Aufmerksamkeit auf sich. Eines von ihnen zeigte einen Soldaten, der aus einem Becher trank. Da der Krieg jetzt zu Ende war, fand ich, dass dieses Foto weg musste. An seine Stelle trat ein reizvolles Foto, das von einer künstlerisch sehr begabten jungen Frau handkoloriert worden war.

Nun erschienen mir die an der Wand verbliebenen Schwarzweißfotos noch weniger ansprechend und noch altmodischer. Auch sie mussten verschwinden. Und so ging es weiter! Sobald eine Sache neu gestaltet war, schrie förmlich die nächste nach einer Verschönerung. Wir hatten unseren eigenen Schreiner in der Firma, der normalerweise Stellwände für Fotoausstellungen baute. Wenn er wenig zu tun hatte, arbeitete er an der Renovierung unserer Räumlichkeiten. Das Geld hierfür kam im Laufe dieser Arbeiten herein. Bald war der Empfangsraum eine Pracht mit seinen neuen Farben und Schreibtischen, den eingebauten Sitzgelegenheiten für Kunden und einem großen beleuchteten Foto, das einen in Blüte stehenden Obstgarten zeigte. Das Auge konnte sich auch an herrlichen frischen Blumengestecken weiden.

Damals war es wegen staatlicher Baubeschränkungen nicht möglich, in andere Geschäftsräume umzuziehen. Was den Zustand von Ausstellungs- und Büroräumen betraf, befanden sich andere Firmen infolge des Krieges in einer ähnlichen Lage wie wir. Die Idee, unsere Räume zu verschönern, erwies sich als richtig und machte sich sofort bezahlt. Als ein Vertreter von General Motors zu mir kam, um eine Fotoproduktion zu besprechen, war er erstaunt über die Veränderung, die hier stattgefunden hatte. Er fragte, ob wir nicht auch seine Geschäftsräume renovieren könnten.

Plötzlich waren wir in einer brandneuen, einträglichen Branche tätig, die zusätzlich zu unserem ursprünglichen Personal die Mitarbeit von Bauarbeitern, Künstlern, Designern, Architekten und Planern erforderte.

Wir erhielten Aufträge für die Neugestaltung von Banken, Ausstellungsräumen, Reisebüros, Milchbars und sogar für die Innenausstattung eines Zuges.

Wir verschickten jetzt Teile von vergrößerten Wandfotos in andere Städte, wo sie von unserem Personal installiert und koloriert wurden. Sie maßen drei mal sechs Meter, was zu der Zeit als sehr groß galt. Das Filmgeschäft begann ebenfalls gut zu laufen.

Inzwischen hatte Mr. Ainsworth seine Gesundheit wiedererlangt und arbeitete aktiv an der Planung und im Design mit, während ich weiterhin die Geschäftsleitung innehatte. Unsere Geschäftsräume, die nach und nach gründlich renoviert und verschönert worden waren, dienten nun als Muster für unsere neuen Kunden. So ging es mit unserem Verschönerungsprojekt voran und sowohl wir selbst als auch unsere Kunden profitierten davon.

Sechstes Kapitel

Sechstes Kapitel

EIN NEUES GEISTIGES ABENTEUER

Diese Jahre waren glücklich und nutzbringend, doch als mich ein alter Freund im Büro besuchen kam, wurde mir klar, dass GOTT noch mehr mit mir vorhatte. George, so hieß der Freund, befand sich auf der Durchreise von New York zu seiner Familie in Australien. Er hatte eine verantwortungsvolle Position im Pressebüro der Vereinten Nationen und als er die vielen Leute aus den unterschiedlichsten Berufen so fleißig für das gemeinsame Wohl zusammenarbeiten sah, fragte er mich, ob ich nicht an einer Arbeit im größeren Rahmen zum Nutzen der Menschheit interessiert sei.

Er wusste, dass ich den Wunsch hatte, eine bessere Welt zu schaffen, denn als wir beide noch in den Zwanzigern waren, hatten wir eine nicht-politische Gruppe von jungen Leuten gegründet, die zusammenkam, um darüber zu diskutieren, wie man die Lebensbedingungen in der Welt verbessern und die Menschen glücklicher machen könnte. In jugendlicher Begeisterung nannten wir unsere Diskussionsgruppe „The New World Movement" (Die Neue-Welt-Bewegung) und George, der damals Radiosprecher war, hatte es geschafft, einige von uns auf Sendung zu bringen. Das erregte die Aufmerksamkeit mehrerer bedeutender Personen, u. a. des berühmten Schriftstellers H. G. Wells, der unserer Gruppe einen Besuch abstattete und eine Ansprache hielt. Leider war auch die lokale kommunistische Partei auf uns aufmerksam geworden; sie unterwanderte unsere Gruppe und damit hatte sich's. Wir lösten uns auf! Doch mein Freund und ich hielten beide an dem Wunsch fest, etwas zum Wohl der Menschheit zu tun.

Zehn Jahre später trafen wir nun wieder zusammen und sprachen über unseren Wunsch, eine bessere Welt zu erleben, und auch über unsere Hoffnung, die Vereinten Nationen könnten ein Mittel zu diesem Zweck sein. George setzte seine Reise fort, doch sein Besuch gab mir einen neuen Denkanstoß – vielleicht könnte ich wirklich in einer solchen Organisation auf einer breiteren Basis tätig sein.

Nicht lange danach rief mich ein Herr von der UNO an und bat mich, zu einem Vorstellungs-gespräch in ein Hotel zu kommen. Er war der Talentesucher dieser Organisation und erklärte, er sei im Auftrag des New Yorker Büros unterwegs, um geeignete Arbeitskräfte für offene Stellen zu finden. Nach diesem Interview hatte ich den Eindruck, dass mir sehr bald eine Stelle angeboten werden würde. Es sollte jedoch anders kommen. Wenn ich auch dachte, dass meine neu gewonnene Geschäftserfahrung eine gute Grundlage für eine Tätigkeit bot, die der Menschheit von größerem Nutzen sein könnte, so hatte GOTT doch etwas ganz anderes, etwas viel Besseres mit mir vor.

Meine Frau und ich besuchten eines Tages einen Vortrag über die Christliche Wissenschaft und die Worte des Vortragenden inspirierten und halfen uns so sehr, dass wir glaubten, unser Leben werde ungemein bereichert werden, wenn wir von diesem Mann Unterricht in der Christlichen Wissenschaft erhielten. Als der Vortragende vorgestellt wurde, erfuhren wir, dass er ein Praktiker und Lehrer der Christlichen Wissenschaft war und in San Francisco lebte.

Die Entfernung von Sydney nach San Francisco erschien uns ziemlich groß, doch wir beschlossen, trotzdem den ersten Schritt zu unternehmen. Wir schrieben dem Lehrer und nachdem wir unsere Anträge ausgefüllt hatten, wurden wir für den sogenannten Klassenunterricht in der Christlichen Wissenschaft angenommen. In den Monaten vor dem Unterricht kam uns dann eine Idee. Wir könnten unseren Anteil am Geschäft verkaufen und nach dem Klassenunterricht in San Francisco mit unseren Kindern, die inzwischen Teenager waren, nach Europa reisen, um meine Familie in Holland zu besuchen. Ich plante jedoch noch weiter voraus. Ich beabsichtigte auch in New York Halt zu machen und bei den Vereinten Nationen vorzusprechen, wo mir sicherlich ein guter Posten angeboten würde. Dann könnten wir uns nach unserer Hollandreise in New York niederlassen. Das war die menschliche Art zu planen, die so oft mit einer bitteren Enttäuschung endet.

Der Krieg war vor etwa sechs Jahren zu Ende gegangen, doch noch immer verkehrten keine Passagierschiffe zwischen Australien und den Vereinigten Staaten. Es gab jedoch einige Flug-verbindungen. Ich buchte also einen Flug, leistete eine Anzahlung in der Landeswährung und fing an, unser Hab und Gut zu verkaufen. Mitten bei all diesen Vorbereitungen erfuhr ich, dass zwischen den beiden Ländern kein Währungsumtausch möglich war. Nur in seltenen Fällen konnte man Dollar erhalten – beispielsweise für ein Medizinstudium, für Regierungsangelegenheiten oder ähnliche Vorhaben – jedoch nicht für das Studium der Christlichen Wissenschaft.

Um ein Einreisevisum zu bekommen, musste ich außerdem eine Bürgschaft in den Vereinigten Staaten nachweisen können. Ich hatte versprochen, an einem bestimmten Tag in San Francisco zu sein, und dieser Tag rückte immer näher. Als mir der Beamte der Regierungsbank die schlechte Nachricht über den Währungsumtausch mitteilte, antwortete ich zuversichtlich: „Dann wird GOTT sicherlich einen anderen Weg vorgesehen haben." Ich war von der Rechtmäßigkeit meines Wunsches, noch mehr über diese Wissenschaft zu erfahren, so überzeugt, dass ich spürte, nichts konnte mir dieses geistige Wachstum vorenthalten. Meine Zuversicht und mein Vertrauen auf GOTT beeindruckten den Bankbeamten so sehr, dass er etwas über diese Denkweise erfahren wollte. Ich gab ihm ein Exemplar von *Wissenschaft und Gesundheit.*

Ich muss noch erwähnen, dass ich beim Verkauf unserer Sachen auch meine Filmkamera an einen jungen Filmemacher verkauft hatte. Einige Tage nachdem ich bei der Bank gewesen war, rief er mich an. Unsere Unterhaltung verlief ungefähr so: „Wie ich höre, haben Sie einen Flug in die Vereinigten Staaten von Amerika gebucht. Würden Sie gern umsonst dorthin fliegen? Ihr Flugticket bezahlt bekommen?" „Sehr gern", antwortete ich. „Würden Sie gern auf dem Hinflug ein paar Tage in Honolulu verbringen und in einem schönen Hotel übernachten – umsonst? Würden Sie gern in einem Wagen mit Chauffeur auf der Insel herumgefahren werden – umsonst? Und möchten Sie gern in San Francisco einen Scheck über einen ansehnlichen Dollarbetrag einlösen?"

Nun hatte ich wirklich genug. „Und was wünschen Sie sich zu Weihnachten?" fragte ich zurück. Auf diese Weise wurde es mir aber tatsächlich ermöglicht, an dem Unterricht in San Francisco teilzunehmen und darüber hinaus sogar noch ein paar Dollar übrig zu haben.

Die Fragen waren alle wirklich ernst gemeint. Mein Bekannter war nämlich damit beauftragt worden, einen kurzen Reisefilm über einen Flug von Australien nach San Francisco via Honolulu zu drehen. Dieses Vorhaben war mit dem Leiter der Fluggesellschaft, bei der ich meinen Flug gebucht hatte, besprochen worden. Als der Bekannte erwähnte, er habe gerade eine Filmkamera von mir gekauft, schlug jemand vor, dass ich doch den Teil über Honolulu und San Francisco mit meiner Kamera drehen könnte. Und so geschah es dann auch. Ich drehte den Film mit meiner Familie als Darstellern und schickte die Kamera per Flugzeug zurück.

Warum hatten sich die Dinge so gefügt? Weil ich mich im entscheidenden Augenblick, als alles zu scheitern drohte, geweigert hatte, auf die entmutigenden Argumente des menschlichen Denkens zu hören. Ich brauchte stattdessen nur auf die ermutigenden Worte des göttlichen GEMÜTS zu hören – dass GOTT mich liebt und mir nie etwas vorenthalten würde, was ich für meinen geistigen Fortschritt und meine menschliche Laufbahn benötigte. Dieses Erlebnis zeigte mir erneut, wie wichtig es ist, darauf zu achten, was uns beeinflusst. Wir sollten sichergehen, dass es das göttliche GEMÜT, GOTT, ist. Ja, jeder von uns kann das göttliche Abenteuer erleben. Wir können verstehen, dass das Gute Alles-in-allem ist, indem wir den begrenzenden Suggestionen des menschlichen Denkens widerstehen und GOTT, das göttliche GEMÜT, in unserem Denken und damit unserem Leben walten lassen.

Bald darauf sollte ich jedoch die Erfahrung machen, dass Prophezeiungen riskant und töricht sein können, besonders wenn wir unser Leben in GOTTES Dienst stellen und Ihm dann vorschreiben, was Er unserer Meinung nach tun soll. Es steht alles in der Bibel; wir brauchen nur ihren Weisungen so demütig wie ein Kind zu folgen: „Verlass dich auf den Herrn von ganzem Herzen, und verlass dich nicht auf deinen Verstand, sondern denke an ihn in allen deinen Wegen, dann wird er dich recht führen. Meine nicht, weise zu sein" (Spr 3:5-7).

GEISTIGER UNTERRICHT

Der zwölftägige Unterricht in der Christlichen Wissenschaft war ein unvergessliches Erlebnis. Mich beeindruckten besonders die große Liebe des

Lehrers zu Jesus und seine hohe Wertschätzung für Mary Baker Eddy. Während des Unterrichts wurde mir auch die Unermesslichkeit der Christlichen Wissenschaft bewusst, aber der Lehrer versicherte uns liebevoll, dass wir alle Ewigkeit hätten, um sie uns zu erarbeiten.

Ich gelangte immer mehr zu der Erkenntnis, dass Jesus sowohl der siegreichste als auch der gottähnlichste Mensch war, der je auf unserer Erde gewandelt ist. Wie uns sehr klar dargelegt wurde, hat er über den Tod triumphiert, anstatt sich ihm zu ergeben. Diese mir neue Vorstellung, dass der Meister Christus Jesus, als er in seinem Grab eingeschlossen lag, sein eigener Heilpraktiker war und dass er dann seinen Jüngern wieder als derselbe Jesus erschien, um ihnen (und uns) die Unwirklichkeit des Todes zu beweisen, eröffnete mir eine völlig neue und christlichere Sicht auf ihn. Jesus zeigte uns, dass der Tod eine Illusion ist.

Jetzt konnte ich verstehen, warum Jesus sagte: „Lazarus, unser Freund, ist eingeschlafen, aber ich gehe hin, ihn aufzuwecken." Dem Johannesevangelium zufolge antworteten seine Jünger: „ ,Herr, wenn er schläft, dann wird es besser mit ihm.' Jesus hatte von seinem Tod gesprochen; sie meinten aber, er rede von der Ruhe des Schlafs. Da sagte es ihnen Jesus frei heraus: ,Lazarus ist gestorben' " (Joh 11:11-14). Dasselbe wird auch über den Schlaf von der Tochter des Jairus im Matthäusevangelium gesagt (Mt 9:23-25). Jesus drückte sich auf diese Art und Weise aus, weil die Menschen nicht verstanden, dass der Tod unwirklich ist. „Als Jesus ins Haus des Obersten kam und die Flötenspieler und das Getümmel der Menschenmenge sah, sagte er zu ihnen: ‚Geht hinaus! Denn das Mädchen ist nicht tot, sondern es schläft.' Und sie lachten ihn aus. Als aber die Menschenmenge hinausgetrieben war, ging er hinein und ergriff das Mädchen bei der Hand; da stand es auf."

Jesus sagte auch: „Wahrlich, wahrlich, ich sage euch: Wenn jemand mein Wort hält, dann wird er den Tod nicht sehen in Ewigkeit" (Joh 8:51). Konnte ein Mann, der dies behauptete und der andere vom Glauben an den Tod befreite, sich selbst dem Tod ergeben? Nein, Jesus überwand den Tod. Er bewies, dass der Tod lediglich die irrige Vorstellung ist, der Mensch lebe in einem materiellen Körper und verlasse ihn, wenn er stirbt. In Wirklichkeit aber lebt er ewig in GOTT, GEIST. Paulus wusste, was das geistige Leben ist, als er zu den Athenern sagte: „Denn in ihm leben, weben und sind wir; wie auch einige Poeten bei euch gesagt haben: Wir sind von seiner Art" (Apg 17:28).

Ich war mir nun sicher, dass es für alle Männer und Frauen unbedingt erforderlich ist, eine wissenschaftliche Erklärung des Seins zu finden, die ihnen darlegt, wer und was sie wirklich sind, damit der König des Schreckens – der Glaube, alle müssten sterben – besiegt werden kann. Der Tröster, den Jesus verhieß, wird von den Christlichen Wissenschaftlern als die Göttliche Wissenschaft angesehen. Und diese in *Wissenschaft und Gesundheit mit Schlüssel zur Heiligen Schrift* dargelegte Wissenschaft gibt uns folgende wissenschaftliche Erklärung des Seins (S. 468):

> Es ist kein Leben, keine Wahrheit, keine Intelligenz und keine Substanz in der Materie. Alles ist unendliches GEMÜT und seine unendliche Manifestation, denn GOTT ist Alles-in-allem. GEIST ist unsterbliche WAHRHEIT; Materie ist sterblicher Irrtum. GEIST ist das Wirkliche und Ewige; Materie ist das Unwirkliche und Zeitliche. GEIST ist GOTT und der Mensch ist Sein Bild und Gleichnis. Folglich ist der Mensch nicht materiell; er ist geistig.

Der Lehrer unserer Klasse wies darauf hin, dass Jesu Kommen lange vor seinem Erscheinen prophezeit wurde und dass Jesus wiederum eine Prophezeiung in Form eines Gleichnisses aussprach: „Das Himmelreich gleicht einem Sauerteig, den eine

Frau nahm und unter drei Scheffel Mehl mengte, bis es ganz durchsäuert war" (Mt 13:33). Der Lehrer erklärte, dass diese Prophezeiung nun in Erfüllung gehe, denn die Wissenschaft des Christus, die Mary Baker Eddy entdeckte, durchsäuert Wissenschaft, Theologie und Medizin. Durch den Klassenunterricht kam ich auch zu dem Schluss, dass ich nicht so sehr die Welt um mich herum, sondern vielmehr mich selbst erneuern muss und dass ich, wie Paulus sagt, den alten Menschen mit seinen Werken ausziehen und den neuen anziehen muss, damit dieser „erneuert wird zur Erkenntnis nach dem Ebenbild dessen, der ihn geschaffen hat" (Kol 3:9, 10).

EINE KÖRPERLICHE HEILUNG

Eine Gelegenheit, wirklich ernsthaft daran zu arbeiten, ergab sich sogleich. Wie geplant, machten wir auf dem Weg nach Europa bei den Vereinten Nationen in New York Station. Dort wurde mir jedoch gesagt, dass keine Stelle verfügbar sei, wenn auch mein Lebenslauf einen sehr positiven Eindruck hinterlassen habe. Ich war fassungslos, denn wie ich schon erwähnte, hatte ich mir vorgestellt, GOTT werde die Dinge für mich regeln. Nun konnte ich mir nicht erklären, was falsch gelaufen war. Natürlich war nichts falsch gelaufen! In GOTTES Plan für uns läuft niemals etwas falsch. Stattdessen bot sich mir die Möglichkeit, meinen mentalen Garten von Unkraut wie Eigenwillen, Selbstgerechtigkeit, Selbstmitleid usw. zu befreien, auch wenn ich das damals nicht erkannte. Ich wusste zu diesem Zeitpunkt nicht, dass ich in den darauffolgenden zwei Jahren noch viel Unkraut auszureißen hatte!

Während des Fluges von New York nach Amsterdam erholte ich mich einigermaßen von dem Schock und der Enttäuschung, so dass ich meinen Vater und meine drei Brüder zumindest mit gedämpfter Freude begrüßen konnte. (Meine Mutter war einige Jahre zuvor gestorben.) Obwohl sich meine Familie freute mich zu sehen, konnte sie doch nicht verstehen, dass ich meine Stellung so leichtfertig aufgegeben hatte, ohne etwas Neues an der Hand zu haben. Einer meiner Brüder stellte mir sogar die düstere Frage: „Bist du dir im Klaren darüber, dass du vielleicht nie wieder eine Stelle finden wirst?" Und da zu der Zeit niemand in meiner Familie mit der Bibel vertraut war, standen sie meiner geistigen Gesinnung mit Skepsis gegenüber.

Hinzu kamen Spannungen in der Familie, die bald sehr viel Uneinigkeit mit sich brachten. Mein Denken wurde davon so getrübt, dass all das Gute, das ich in der Vergangenheit erlebt hatte, wie weggewischt schien und ich mich wie ein völliger Versager fühlte. Dieser Gemütszustand wirkte sich nachteilig auf meine Gesundheit aus und führte zu einer schweren Krankheit. Durch einen unglückseligen Unfall befand ich mich in ziemlich schlechter Verfassung. Ich konnte meinen linken Arm nicht mehr gebrauchen und hatte auf meiner ganzen linken Seite furchtbare Schmerzen. Die Symptome nahmen solch erschreckende Formen an, dass sich mein Bruder, bei dem wir wohnten, Sorgen machte und ohne mein Wissen einen Arzt herbeiholte. Als mir klar wurde, was vor sich ging, hörte ich den Arzt sagen, ich würde den Arm nie wieder gebrauchen können, da es gegen dieses Leiden keinerlei Mittel gebe. Ich akzeptierte dieses Urteil nicht, da mich die vielen Heilungen in meiner Familie zutiefst von der heilenden Macht der Christlichen Wissenschaft überzeugt hatten. Aber mein Denken war so voller Selbstmitleid, Eigenwillen und Groll, dass ich nur daran dachte, von dort wegzukommen und so nahe wie möglich an unser eigentliches Ziel zu gelangen, die Vereinigten Staaten.

Wir flogen nach Kanada. Fern von den Spannungen in der Familie ließen die Schmerzen im Arm und in der Seite ziemlich nach, wenn ich auch meinen Arm immer noch nicht gebrauchen konnte. Mein Schockzustand klang ab und ich hörte langsam auf, mir Vorwürfe zu machen. Um für die Familie zu sorgen, nahmen meine Frau und ich Arbeit an – sie als Verkäuferin in einem Juweliergeschäft und ich als

Verkäufer bei einem Automobilhändler. Die Kinder gingen zur Schule. Von ganzem Herzen wandte ich mich nun der Aufgabe zu, mit Hilfe der Christlichen Wissenschaft die Beschwerden in meinem Arm zu lindern. Ich beschäftigte mich daher intensiv mit einem Gedanken aus *Wissenschaft und Gesundheit* – das heißt, ich setzte ihn in die Praxis um. Dieser Gedanke befindet sich auf Seite 428 und lautet:

> Dem Denken das falsche Vertrauen und den materiellen Augenschein zu nehmen, damit die geistigen Tatsachen des Seins erscheinen können, das ist die große Errungenschaft, mit deren Hilfe wir das Falsche wegfegen und dem Wahren Raum geben werden. So können wir in Wahrheit den Tempel oder Körper aufrichten, dessen „Baumeister und Schöpfer GOTT ist".

Ich konnte meine Arbeit weiterhin verrichten, ohne dass jemand das Problem mit meinem Arm bemerkte. Oft parkte ich am Straßenrand und setzte mich intensiv mit der obigen Feststellung auseinander. Allmählich wurde mir bewusst, dass dies nicht wirklich ein körperliches Problem war, sondern das Ergebnis meines unglücklichen Gemütszustandes. Ich machte mich also daran,

Furcht, Selbstmitleid, Groll und Entmutigung aus memem Denken zu entfernen und Liebe, Vergebung (auch mir selbst gegenüber), Mut und Gottvertrauen an ihre Stelle treten zu lassen. Binnen kurzer Zeit war ich vollständig geheilt. Ich hatte erneut die wunderbare Macht GOTTES, der WAHRHEIT und LIEBE, erlebt und das ärztliche Urteil hatte sich als nichtig erwiesen.

Meiner Frau und mir wurde jetzt klar, dass wir uns vorschnell nach Kanada begeben hatten und es vernünftiger gewesen wäre, von Holland in das nahe gelegene England zu gehen, wie man uns hinsichtlich der Schulbildung unserer Kinder geraten hatte. Dieser Rat kam vom Rektor einer berühmten amerikanischen Universität. Er meinte, es wäre am besten, wenn unsere Kinder auf Grund ihrer bisherigen Erfahrung, Bildung und Erziehung eine Oberschule in England besuchen würden.

So machten wir uns daran, einige Schritte, menschlich gesehen, zurückzugehen, geistig jedoch voranzukommen. Durch die Heilung meines Armes verspürte ich auch den großen Wunsch, mehr über die von Jesus und seinen Jüngern vollbrachten Heilungen zu erfahren. Daher las ich das Neue Testament von Anfang bis Ende, ebenso *Wissenschaft und Gesundheit* und alle anderen Werke von Mary Baker Eddy. Das hatte unmittelbar zur Folge, dass mich einige Menschen um metaphysische Hilfe baten. Sie wiederum schickten andere zu mir und so kam es, dass ich mit dieser so dankbaren Aufgabe sehr beschäftigt war. Ich hoffte, bald die Voraussetzungen zu erfüllen, um im *Christian Science Journal* zu annoncieren, einer Monatszeitschrift, die unter anderem ein Verzeichnis all jener weltweit enthält, die die Heilpraxis im Sinne der Christlichen Wissenschaft vollberuflich ausüben.

Mit unserer Reise nach England hatten wir praktisch alle Ersparnisse aufgebraucht. Als wir unsere neue Wohnung bezogen hatten, waren wir ganz auf unser Einkommen angewiesen – auf das Gehalt meiner Frau, die bei einem Makler arbeitete, und auf die Zahlungen von Leuten, denen ich half, ihre Probleme durch die Christliche Wissenschaft zu lösen. Die ganze Zeit über konnten wir feststellen, wie positiv sich der Umzug nach London auf unsere Familie auswirkte. Wir freuten uns, dass wir wieder bereit waren, uns völlig auf GOTTES Weisungen zu verlassen und aus unseren Fehlern zu lernen. Und wir stellten fest, dass uns ein Fehler nicht schadet, wenn wir uns das Gute aus ihm zunutze machen.

DIE ÖKONOMIE DER DANKBARKEIT

Wir konnten unseren täglichen Verpflichtungen sehr gut nachkommen und ich fand großen Gefallen an meinem neuen Beruf als Heiler. Doch plötzlich geriet alles ins Stocken. Tagelang erhielt ich keinen Anruf. Gegen Ende der Woche fragte ich mich, was ich wohl falsch machte. „Tu was – und zwar schnell. Am Montag ist die Miete fällig. Wir brauchen Lebensmittel für das Wochenende. Wie konntest du das deiner Frau und deinen Kindern antun?" Solcher Art waren die Argumente, die in meinem Denken die Oberhand gewinnen wollten.

Meine Familie beschloss, dieses Problem auf die beste uns bekannte Weise zu lösen, nämlich durch Gebet. Mir fiel die wunderbare Erklärung Mary Baker Eddys ein:

GOTT gibt euch Seine geistigen Ideen, und sie wiederum geben euch, was ihr täglich braucht. Bittet niemals für morgen; es ist genug, dass die göttliche LIEBE eine immergegenwärtige Hilfe ist, und wenn ihr wartet und niemals zweifelt, werdet ihr jeden Augenblick alles haben, was euch not tut *(Vermischte Schriften,* S. 307).

113

Dann war es Freitag und nichts geschah. Plötzlich kam mir jedoch der Gedanke, dass GOTT mir damit vielleicht etwas zeigen wollte. Dieser Gedanke machte mir ungeheuren Mut. Am Samstagmorgen wurde ich aber förmlich mit Einflüsterungen bombardiert: „Geh zum Telefon und schicke deinen Freunden in Übersee ein dringendes Telegramm. Bitte sie, dass sie dir telegrafisch Geld überweisen." Ich weigerte mich, darauf zu hören, und sagte Dank für all das Gute, das ich bisher empfangen hatte. Doch dies änderte nichts an meiner Lage.

Als ich zum Fenster hinausschaute, sah ich, wie einige meiner Nachbarn gerade ihre Autos für einen Wochenendausflug packten. Picknickkörbe wurden herbeigetragen. Lachende Kinder kamen mit Zelten und Sportsachen zum Auto und halfen bei der Vorbereitung für den Ausflug. Dann ging mir plötzlich ein Licht auf! Die Wahrheit, dass ein Leben in Fülle etwas völlig Geistiges und Gegenwärtiges ist, wurde mir nun ganz klar bewusst und ich sagte: „Ich danke Dir, Vater, dass Du Deine Kinder mit allem versorgst, was sie jetzt und immer nötig haben."

Kaum hatte ich dieses Dankgebet beendet, klingelte das Telefon und etwas Wunderbares geschah. Die Stimme am anderen Ende sagte: „Ich möchte Ihnen etwas sagen, versprechen Sie mir aber bitte, dass Sie mir das, was ich jetzt sage, vergeben werden." Verblüfft antwortete ich: „Ich verstehe nicht, was Sie meinen." Ich kannte die Anruferin nur flüchtig und sah absolut keinen Grund für ihre Bitte. Nach einigem Zögern kam sie dann heraus damit. Im Wesentlichen sagte sie Folgendes: „Gestern wollte ich Sie den ganzen Tag anrufen und Ihnen einen Scheck ausschreiben. Aber Ihnen scheint es so gut zu gehen. Sie wohnen in einer sehr guten Gegend und Sie und Ihre Familie sind immer so gut gekleidet." Dann fuhr die Frau fort: „Jetzt habe ich aber doch zum Hörer gegriffen, weil mir der Gedanke heute Morgen so eindringlich kam, dass ich keine andere Möglichkeit sah, als Sie anzurufen."

Ich weiß nicht, was in mich fuhr, aber ich erwiderte: „Wissen Sie, ich brauche kein Geld." Vielleicht war es Stolz oder eine andere teuflische Einflüsterung, die mich das sagen ließ, aber sobald ich den Hörer aufgelegt hatte, erkannte ich, dass GOTT mir tatsächlich etwas zeigen wollte. Ich rief sie also zurück und erklärte: „Was ich Ihnen gerade gesagt habe, stimmt nicht. Tun Sie bitte, wozu Sie sich veranlasst fühlen." „Oh, ich bin so froh", antwortete sie. „Dieser Gedanke ist mir wieder gekommen, aber noch stärker. Kommen Sie doch bitte vorbei und holen Sie den Scheck ab. Sie können ihn dann noch einlösen, bevor die Bank schließt."

Sie bot mir zwei Beträge an, einer doppelt so hoch wie der andere. Ich nahm den kleineren Betrag, der für die Miete und die Lebensmittel für das

Wochenende reichte. Die Frau verabschiedete sich mit den Worten: „Daran sind keine Bedingungen geknüpft. Ich habe mehr Geld, als ich ausgeben kann. Nehmen Sie es bitte, denn ich bin dankbar, dass ich GOTTES Werkzeug bin."

Von dem Tag an erhielt ich wieder Anrufe mit der Bitte um Hilfe und seitdem bin ich immer reichlich versorgt worden. Ich begriff, dass unsere Versorgung in der Tat von GOTT kommt; sie mag durch unsere Mitmenschen offenbar werden, kommt aber nicht von ihnen, weder von kranken noch von gesunden Menschen. Daher müssen wir in unserem Bewusstsein stets an den richtigen geistigen Ideen festhalten, die uns wiederum das geben, was wir täglich brauchen. Dies ist uns jederzeit möglich, indem wir bei GOTT, dem allwissenden GEMÜT, Hilfe suchen.

Siebentes Kapitel

Siebentes Kapitel

DIE VEREINTEN NATIONEN

Während unserer Zeit in London konnten wir wertvolle Erfahrungen sammeln. Unter anderem gewannen wir einen Einblick in die Wesensart der Engländer, von denen wir einiges lernten in Bezug auf gesetzestreues Verhalten, Fairness im Umgang miteinander und einen ruhigen, beharrlichen Mut in schwierigen Situationen.

Mein lieber Freund George, der mich einige Jahre zuvor in Australien besucht und der bei den Vereinten Nationen ein gutes Wort für mich eingelegt hatte, wurde von New York nach London versetzt, wo er die Leitung des UNO-Büros übernahm. Wir verbrachten viele glückliche Stunden mit seiner Familie. Ich sehnte mich jedoch immer noch danach, in den Vereinigten Staaten zu leben, und gab die Hoffnung nicht auf, dass sich mein Traum erfüllen würde.

Eines Tages geschah es dann! George rief mich an und sagte, die Vereinten Nationen hätten vergeblich versucht, mich ausfindig zu machen. Deshalb hätten sie ihn angerufen und gefragt, ob er wüsste, wo ich mich aufhielt. Ich wurde gebeten, zum Büro des Internationalen Kinderhilfswerks der UN (UNICEF) in London zu gehen, da man nun eine Stelle für mich hätte. Interessanterweise teilte man mir dort mit, dass mir vorher nichts angeboten worden war, weil erst jetzt eine höhere Position verfügbar sei. Es handelte sich um die Stelle des stellvertretenden Leiters der UNICEF-Pressestelle in New York.

Diese Position anzunehmen bedeutete, dass ich meinen Wunsch vorerst aufgeben musste, die vollberufliche Praxis der Christlichen Wissenschaft anzubieten und weiterzubetreiben. Aber offensichtlich hatte ich noch einiges zu lernen, wie und mit welchen Mitteln ich der Menschheit am effektivsten und am besten helfen könnte. Wir hielten einen Familienrat ab und es wurde einstimmig beschlossen, dass ich dieses Angebot annehmen sollte. Meine Schwiegereltern, die gerade von Australien nach England gekommen waren, erklärten sich bereit, so lange mit unseren Teenagern in unserer Wohnung zu bleiben, bis wir alles organisiert hatten.

Ich wurde gebeten, einen zweijährigen Arbeitsvertrag zu unterschreiben, und man erklärte mir, dass es wohl ein Jahr dauern würde, bis ich verstand, wie die verschiedenen, aber gleichzeitig miteinander verflochtenen Geschäftsstellen zusammenarbeiteten. Ich fragte mich, wie viele Hunderte von Jahren es wohl dauern würde, bis Europäer, Afrikaner und Inder (um nur einige zu nennen) eine gemeinsame Grundlage für ihre Denk- und Handlungsweise und für eine harmonische Zusammenarbeit finden. Wenn ich auch dankbar dafür war, dass sich die Nationen der Welt allmählich in die richtige Richtung bewegten, so wurde mir doch jetzt klar, dass sich mein Denken mehr und mehr auf geistigen Bahnen bewegen musste, wenn ich im Weltgetriebe meinen rechten Platz finden wollte.

Kurz nachdem ich meine Stelle angetreten hatte, wurde ich beauftragt, zusammen mit einem Kameramann in Griechenland und Afrika einige Filme zu drehen; sie sollten Vertretern der Länder gezeigt werden, die einen Beitrag zum Fonds des UN-Kinderhilfswerks leisteten. Diese Aufgabe bot mir die Möglichkeit, größere Kenntnisse von den Hoffnungen und Zielen, aber auch Problemen der Menschen zu erwerben – Kenntnisse, die mir später noch zugute kommen sollten.

Meine Erlebnisse in Afrika waren besonders interessant, denn ich traf mit Menschen zusammen, die nur sehr selten einen Weißen zu Gesicht bekamen. Es waren liebenswerte und gastfreundliche Menschen. Ja, von Afrika können wir in Bezug

auf Nächstenliebe noch viel lernen. Nie werde ich
vergessen, mit welcher Zärtlichkeit sich ein Mann
von seiner Frau verabschiedete, als sie sich unserer
Gruppe anschloss, um von einem Schweizer Arzt in
ein Krankenhaus gebracht zu werden. Es gab keine
rührselige Szene. Es war ein Ausdruck zärtlichster
Liebe, als er ihr etwas Geld in die Hand drückte
und sich ihre Gesichter berührten. Wie könnte ich
nach meinen Erfahrungen in diesem Land jemals
wieder einen Menschen danach beurteilen, ob
er in einem Palast oder in einer Hütte im tiefsten
äquatorialen Afrika lebt. Im Laufe meiner Arbeit bei
den Vereinten Nationen war ich jedoch fast täglich
Zeuge von Konflikten, sogar zwischen Menschen
derselben Staatsangehörigkeit. Es wurde für mich
offensichtlich, dass es an der Zeit war, die wahre, das
Universum regierende Macht zu verstehen und ihr
zu gehorchen. Dann könnten die Staaten in der Welt
den Frieden und den Wohlstand erlangen, den sie so
ernsthaft anstreben.

Die zwei Jahre bei den Vereinten Nationen
erwiesen sich in Bezug auf zwischenmenschliche
Beziehungen als sehr lehrreich. Ich gewann
einen Überblick über Menschen verschiedener
Nationalität mit ihren mannigfachen Bräuchen und
Anschauungen – Menschen, die miteinander in
Harmonie leben wollen, um ein Ideal zu erreichen:
Frieden und Wohlstand für jedermann durch

Einigkeit unter den Staaten. Ich erkannte jedoch, dass diese Idealvorstellung von einem Weltfrieden nicht allein auf menschlicher oder nichtgeistiger Grundlage erreicht werden kann.

Ich nahm meine Lehrbücher, die Bibel und *Wissenschaft und Gesundheit,* zur Hand und suchte nach einer geistigen Richtlinie, die sich auf die sozialen, politischen und militärischen Probleme der Vereinten Nationen anwenden ließ. In meinem Bibelbegleitbuch stieß ich auf Folgendes:

> Der *eine* unendliche GOTT, das Gute, vereint Menschen und Völker, begründet die Brüderlichkeit unter den Menschen, beendet Kriege, erfüllt die Bibelstelle: „Du sollst deinen Nächsten lieben wie dich selbst", vernichtet heidnische und christliche Abgötterei – alles, was in sozialen, bürgerlichen, strafrechtlichen, politischen und religiösen Gesetzen falsch ist, stellt die Geschlechter gleich, hebt den Fluch über den Menschen auf und lässt nichts übrig, was sündigen, leiden, was bestraft oder zerstört werden könnte *(Wissenschaft und Gesundheit,* S. 340).

Wie mir schien, ließen sich diese vor über hundert Jahren geschriebenen Worte unmittelbar auf die Ziele der Vereinten Nationen anwenden. Ja, sie konnten den Vereinten Nationen als Richtlinie dienen!

Nachwort

Was John Wyndham als eine Richtlinie für die
Vereinten Nationen bezeichnete, wird wohl nicht auf
den Mauern der Hauptstädte stehen, doch schrieb er
es in die Herzen der vielen Menschen, mit denen er
in Berührung kam. Er hielt das Versprechen, das er
im Gefangenenlager gegeben hatte: sein Leben in
den Dienst GOTTES zu stellen.

Nachdem er zwei Jahre lang für die Vereinten
Nationen gearbeitet hatte, ließ er sich in Los Angeles
nieder und widmete die nächsten 21 Jahre seines
Lebens der Heilpraxis der Christlichen Wissenschaft.
In dieser Zeit wurde er auch offizieller Lehrer der
Christlichen Wissenschaft.

Als John Wyndham glaubte, seine Reisen hätten
ein Ende gefunden, musste er feststellen, dass sie
eigentlich erst begannen, denn 1968 wurde er dazu
berufen, Vorträge zu halten. Von nun an hielt er neun
Monate im Jahr fast jeden Abend Ansprachen an die
amerikanische Öffentlichkeit und reiste per Auto von
Stadt zu Stadt.

In seiner zehnjährigen Tätigkeit als Vortragender besuchte er auch Australien, Kanada, Afrika, England und andere europäische Länder, wobei er seine Zuhörer auf Englisch, Holländisch, Deutsch und Afrikaans ansprach.

Von afrikanischen Dörfern, wo er manchmal vom Häuptling des Ortes vorgestellt wurde, bis zur Carnegie Hall in New York fanden seine Vorträge guten Anklang.

John Wyndhams erster Vortrag „Denken wir, oder denken wir nur, dass wir denken?" enthielt eine Erklärung, die von seiner Zuhörerschaft, ob groß oder klein, immer mit Freude aufgenommen wurde. Wenn er in einem Saal sprach, der mit fünftausend Leuten vollgepackt war, brachen die Zuhörer an dieser Stelle stets spontan in Beifall aus.

Er hielt drei Finger hoch und erklärte nachdrücklich: „Es gibt drei Dinge, die GOTT Sie nicht haben lässt: Sünde, Krankheit und Tod." Dann breitete er seine Arme aus und rief mit lauter Stimme: „Alles andere können Sie haben!" Sicher würden die meisten von uns zustimmen, dass dies die wahre Freiheit ist.

A. W. L.

www.ingramcontent.com/pod-product-compliance
Lightning Source LLC
Chambersburg PA
CBHW071557040426

42452CB00008B/1211